Anke Domscheit-Berg wurde 1968 in Premnitz (DDR) geboren. Nach Studienabschlüssen in angewandter Textilkunst und Internationaler Betriebswirtschaft hat sie bei Accenture, McKinsey und Microsoft Karriere gemacht und mittlerweile zwei eigene Unternehmen gegründet: fempower.me und opengov.me. Beruflich, politisch und ehrenamtlich setzt sie sich vor allem für die Themenbereiche Open Government, d. h. mehr Transparenz in der Politik und mehr Bürgerbeteiligung sowie für Geschlechtergerechtigkeit ein. Die engagierte Nerzaktivistin und Publizistin beschäftigt sich außerdem mit den Chancen und Risiken einer digitalen Gesellschaft. Mit ihrem Ehemann Daniel Domscheit-Berg und ihrem Sohn Jacob lebt sie in Fürstenberg/Havel im Norden von Brandenburg.

ANKE DOMSCHEIT-BERG

EIN BISSCHEN GLEICH IST NICHT GENUG!

Warum wir von
Geschlechtergerechtigkeit
noch weit entfernt sind

Ein Weckruf

WILHELM HEYNE VERLAG
MÜNCHEN

Verlagsgruppe Random House FSC® N001967
Das für dieses Buch verwendete
FSC®-zertifizierte Papier *Holmen Book Cream*
liefert Holmen Paper, Hallstavik, Schweden.

Originalausgabe 04/2015

Copyright © 2015 by Wilhelm Heyne Verlag, München,
in der Verlagsgruppe Random House GmbH
Printed in Germany 2015
Redaktion: Andrea Kunstmann, München
Umschlaggestaltung und Motiv: Eisele Grafik Design, München
Satz: Schaber Datentechnik, Wels
Druck und Bindung: GGP Media GmbH, Pößneck

ISBN: 978-3-453-60311-0

www.heyne.de

Für meinen Mann Daniel,
ohne den es dieses Buch nicht gäbe,
und für meinen Sohn Jacob,
dem ich wünsche, dass er in eine Welt
hineinwächst, die ihn nicht durch
Geschlechterstereotype einschränkt und
in der er selbstbewusst Frauen
auf Augenhöhe begegnen kann.

Inhalt

Vorwort

An einem Sonntag im September 2014 hält eine junge Frau vor den Vereinten Nationen eine bewegende Rede über Geschlechtergerechtigkeit, für sie eine fundamentale Freiheitsfrage mit höchster Relevanz für Frauen und für Männer. Sie schließt ihre eindringliche Rede mit einer Bitte an alle Männer, sich an diesem Freiheitskampf zu beteiligen, indem sie die UN-Kampagne »HeForShe« unterstützen. »Wenn nicht du, wer dann?«, fragt sie, und: »Wenn nicht jetzt, wann?« Diese junge Frau ist Emma Watson, die 24-jährige UN-Sonderbotschafterin für Frauen- und Mädchenrechte, den meisten eher bekannt als Hermine Granger aus den Harry-Potter-Filmen. Die Rede wird auf YouTube ein Renner. Am Dienstag, 48 Stunden nach ihrem Auftritt, ist sie schon über vier Millionen Mal angesehen worden. Aber bereits einen Tag nach der Rede wurde im Internet auf einer Website mit Countdown angekündigt, dass noch in derselben Woche Nacktfotos von ihr veröffentlicht würden. Erst kurze Zeit zuvor waren von mehreren weiblichen Prominenten persönliche iCloud-Speicher gehackt und private Nacktfotos von dort im Internet verbreitet worden. Diese Drohung war also real. Nach einigen Tagen stellte sich heraus, dass das Ganze ein Bluff einer Aktivistengruppe war, auf den alle hereinfielen, weil diese Bedrohungssituation so erwartbar schien.

Emma Watson bezeichnete sich als Feministin, die Gleichstellung der Geschlechter als eine Frage der Menschenrechte. Sie sprach davon, dass es neue Vorstellungen von Männlichkeit brauche, denn noch wird Männlichkeit mit Aggression und dem Ausüben von Kontrolle assoziiert – was zur Konsequenz hat, dass Frauen häufiger Opfer dieser Aggressionen werden. Eine Frau, die prominent solche Dinge äußert, wird zur Zielscheibe für Bedrohungen und Aggressionen, die genau das bestätigen, was sie als Problem beschrieben hat. Beim meistangesehenen Video dieser Rede wurde auf YouTube die Kommentarfunktion zu Emma Watsons Rede deaktiviert. Beleidigungen und Angriffe werden zum Versuch, Frauen zum Schweigen zu bringen. Während sich immer häufiger Prominente überraschend zum Feminismus bekennen – unlängst auch Popsängerin Beyoncé –, erleben wir gleichzeitig erschreckende Reaktionen darauf.

Wer sich dennoch als Feministin bezeichnet und offen für Geschlechtergerechtigkeit eintritt, braucht offensichtlich immer noch eine Menge Chuzpe. »Feministinnen hassen Männer und wollen sie unterdrücken«, heißt es sofort. Dann hagelt es sexualisierte Beleidigungen, widerliche Bildchen und/oder Mord- und Vergewaltigungsdrohungen. Auch Emma Watson wurde als »männerhassende, hirntote Feminazi«, als »Fotze« oder »Nuttenpuppe« bezeichnet, die sich besser um das Abendessen kümmern sollte.[1]

Dabei enthält der Begriff »Geschlechtergerechtigkeit« nicht umsonst den Begriff »Gerechtigkeit«, und der Begriff »Geschlecht« bezieht sich auf beide Geschlechter.

Aber offenbar ist schon die Feststellung von Ungerechtigkeit ein Problem, denn zwei Drittel der Männer in Deutschland finden, mehr Gleichberechtigung brauchen wir nicht, wie eine Studie des Instituts für Demoskopie Allensbach im Jahr 2013 ergab. Fast jeder Dritte (28 Prozent) findet, es werde schon übertrieben mit der Gleichberechtigung.[2] Offenbar gibt es eine Wahrnehmungsverzerrung in der Gesellschaft (und nicht nur bei Männern), die vermutlich an einer Unkenntnis der Realität liegt, weil wir alltägliche Ungerechtigkeiten nicht mehr als solche erkennen. Umso wichtiger ist es, immer und immer wieder darauf hinzuweisen, wie weit entfernt wir tatsächlich von Geschlechtergerechtigkeit als gesellschaftlichem Ideal sind.

Mit diesem Buch möchte ich Fakten für eine neue Debatte liefern und Anregungen geben, wie wir für dieses Ideal wieder konstruktiver und mit mehr Erfolg kämpfen können. Die soziale Revolution, derer es dazu bedarf, setzt Erkenntnis in der Breite der Gesellschaft voraus. Mit weniger als einer solchen Revolution werden wir kaum die Trägheit des bestehenden und ungerechten Systems überwinden können. Die gute Nachricht: Es gibt auch friedliche Revolutionen, und diese wird eine solche sein. Getrieben von der Kraft einer Mehrheit, die sich eine faire Gesellschaft wünscht und es leid ist, für sich und ihre Kinder auf Freiheiten und Entwicklungsmöglichkeiten zu verzichten.

Dieses Buch möchte dazu beitragen, ein komplexes Problem durchschaubarer und damit lösbar zu machen – im Interesse aller Menschen, nicht nur der Frauen. Im ersten Teil zeige ich, dass wir faktisch keineswegs in einer geschlechtergerechten Welt leben, im zweiten Teil gehe ich der Frage nach, warum das so ist, und nehme allseits beliebte Schuldzuweisungen unter die Lupe, im dritten Teil beschreibe ich konstruktive Lösungsansätze.

Zur Einstimmung jedoch erst einmal ein paar nackte Zahlen.

I.

Geschlechtergerechtigkeit ist bisher nur Vision

Die nackten Fakten

0–5 Prozent: Unsichtbare Frauen

- **0 Prozent** Regierungsjahre 1949–2015 mit Bundespräsidentin
- **0 Prozent** Frauen im Vorstand der Deutschen Bahn (100 Prozent Bundesbesitz)
- **0,4 Prozent** der Fördersumme des Filmfernsehfonds Bayern im Februar 2014 ging an Regisseurinnen
- **1,5 Prozent** aller Chefdirigenten in Deutschland sind Frauen
- **2 Prozent** Frauen bei höheren Funktionen im Fraunhofer-Institut
- **2 Prozent** weibliche Chefredakteure in deutschen Medien
- **2,5 Prozent** Frauen in Vorständen in den 53 öffentlich-rechtlichen Banken (92 Prozent dieser Banken sind im Vorstand frauenlos)
- **4 Prozent** Frauen in Vorständen der 200 größten Unternehmen in Deutschland
- **4 Prozent** hauptamtliche Bürgermeisterinnen
- **4 Prozent** (= eine Frau) weibliche Empfänger des Deutschen Nationalpreises (26-mal vergeben)
- **4 Prozent** weibliche Künstler ausgestellt im Metropolitan Museum New York
- **4 Prozent** Frauen unter Menschen mit Jahresarbeitsverdiensten ab 500 000 Euro
- **5 Prozent** Frauen in Vorständen des Dax 30

6–10 Prozent: Frauen in homöopathischen Dosen

- **6 Prozent** Regisseurinnen für den ARD-Sonntagskrimi 2013
- **6,3 Prozent** Frauen in Topführungspositionen von Großunternehmen
- **7 Prozent** Frauen unter Menschen mit Jahresarbeitsverdiensten von 200 000–500 000 Euro
- **7 Prozent** Frauen unter den Empfängern des Großkreuz-Ordens der BRD seit 1951
- **8 Prozent** Frauen in Verwaltungsspitzenpositionen von Landkreisen, kreisfreien Städten und Bezirken
- **8 Prozent** Frauen unter den Empfängern des Großen Verdienstkreuzes der BRD mit Stern und Schulterband
- **8 Prozent** aller Kunstwerke, die für mehr als eine Million Dollar verkauft wurden, stammten von Frauen
- **9,7 Prozent** der Fördersumme des Deutschen Filmförderfonds gingen 2013 an Regisseurinnen
- **10 Prozent** Frauen mit Mandaten in Landkreistagen
- **10,5 Prozent** weibliche Azubis in einem technischen Ausbildungsberuf

11–20 Prozent: Frauen als marginaler Anteil

- **11 Prozent** aller Sendeminuten fiktionaler Sendungen von ARD und ZDF in den letzten zehn Jahren unter weiblicher Regie
- **11,2 Prozent** weibliche C4-Professoren

- **12,6 Prozent** Frauen in Topführungspositionen von kleinen Unternehmen
- **14 Prozent** Empfänger*innen der 251 321 Verdienstorden der BRD seit 1951
- **14 Prozent** Frauen in Topführungspositionen der größten öffentlichen Unternehmen
- **14 Prozent** von Leitmedien befragte Experten sind weiblich
- **15 Prozent** Kanzlerjahre mit einer Frau im Amt von 1949–2015
- **15,9 Prozent** weibliche Leiter von Abteilungen in Obersten Bundesbehörden
- **16 Prozent** Frauen bei Menschen mit mindestens 200 000 Euro Bruttojahreseinkommen (nicht nur Arbeitsverdienst)
- **18 Prozent** weibliche Hauptprotagonisten in den Texten einer deutschen überregionalen Zeitung *(taz)*
- **19 Prozent** Frauen im Landesparlament Baden-Württemberg
- **20 Prozent** weibliche hauptberufliche Professoren an deutschen Hochschulen
- **20,3 Prozent** weibliche Leiter von Abteilungen in Obersten Landesbehörden

21–30 Prozent: Frauen als Minderheit

- **20–40 Prozent** Frauen bei Beschäftigten in »hoch bezahlten Berufen«
- **21 Prozent** Frauen in Führungspositionen von 260 000 Unternehmen in Deutschland

- **21,9 Prozent** Absolvent*innen der Ingenieurwissenschaften
- **22 Prozent** Frauenanteil bei Solopositionen deutscher Kulturorchester
- **< 25 Prozent** Frauen unter den Personen, über die weltweit in Medien berichtet wird
- **24 Prozent** weibliche Hauptfiguren im Kinderfernsehen der ARD
- **25 Prozent** Frauen in Aufsichtsräten der Dax-30-Unternehmen
- **25 Prozent** weibliche Ministerpräsidenten (2014)
- ca. **26 Prozent** weibliche Kommunalpolitiker
- **27 Prozent** Frauenanteil bei Habilitationen
- **29 Prozent** Frauen in Führungspositionen in Wirtschaft und Verwaltung (nur drei Prozentpunkte plus in 20 Jahren!)

31–40 Prozent: Frauen als starke Minderheit

- **31 Prozent** weibliche Hauptfiguren im deutschen Kinderfernsehen
- **32 Prozent** Frauenanteil in deutschen Landesparlamenten
- **32 Prozent** Frauenanteil an Selbstständigen
- **32 Prozent** Frauenanteil am durchschnittlichen Jahreseinkommensvolumen (Brutto)
- **32 Prozent** weibliche Hauptfiguren im Kinderfernsehen von 24 Ländern
- **< 33 Prozent** weibliche Sprechrollen in Kinofilmen für Kinder

- **33 Prozent** weibliche Sprechrollen in den hundert erfolgreichsten Hollywoodfilmen
- **33 Prozent** der abgebildeten Menschen in einer deutschen überregionalen Zeitung sind Frauen
- **33,5 Prozent** weibliche Regierungschefs, Minister, Senatoren in deutschen Landesregierungen
- **35 Prozent** der Frauen in Schulbüchern sind als berufstätig dargestellt (vs. 65 Prozent Männer)
- **35 Prozent** Frauen in deutschen Kulturorchestern
- **36 Prozent** Frauen im Bundestag

41–60 Prozent: Ein Hoffnungsschimmer! Hier sind Frauen und Männer gleichberechtigt

- **40 Prozent** Frauen in Ostdeutschland tragen zum Haushaltseinkommen etwa die Hälfte bei
- **41 Prozent** Frauen im Landesparlament Bremen
- **45 Prozent** Frauen bei Promotionen
- **46 Prozent** Frauen bei sozialversicherungspflichtigen Beschäftigten
- **51 Prozent** weibliche Studienabsolventen

61–70 Prozent: Männer als starke Minderheit

- **> 60 Prozent** aller als Opfer beschriebenen Menschen in Medien sind weiblich

71–80 Prozent: Männer als Minderheit

- **71 Prozent** Frauenanteil an ausschließlich geringfügig Beschäftigten
- **76 Prozent** weibliche Nacktdarstellungen im Metropolitan Museum New York
- **79,4 Prozent** Frauenanteil an einer nicht akademischen Ausbildung zu einem Gesundheitsdienstberuf

81–90 Prozent: Männer als marginaler Anteil

- **80–90 Prozent** Frauenanteil an »sehr niedrig bezahlten Berufen«
- **88,2 Prozent** Frauenanteil beim Lehramtsstudium Primarbereich
- **90 Prozent** der Alleinerziehenden sind weiblich

91–100 Prozent: unsichtbare Männer

- **99,2 Prozent** Frauenanteil bei Sprechstundenhilfen
- **96 Prozent** Frauenanteil unter Mitarbeiter*innen im pädagogischen Bereich der Kindertagesstätten (2013)[3]

Ab wann gelten Männer und Frauen als gleichberechtigt? Ab welchem Frauenanteil können wir von gerechter Teilhabe reden? Wo wird ein hoher Anteil zum Nachteil? Ich denke, die Zahlen sprechen für sich.

Auf diese Fakten werde ich später zurückkommen (und auch die entsprechenden Quellen dazu anführen). Doch Zahlen sagen nicht alles, meist ist der dazugehörige Kontext ebenso wichtig; außerdem lassen sich viele wichtige Kriterien von Geschlechtergerechtigkeit nicht als Frauenanteil von irgendetwas abbilden.

Wie sind solche Zahlen jeweils einzuordnen? Wie haben sie sich verändert im Laufe der Zeit? Was sind weitere Kriterien, an denen sich der Mangel an Geschlechtergerechtigkeit festmachen lässt? Die folgenden Abschnitte zu den Themen Arbeitswelt, Staat, Medien, Alltagssexismus und Gewalt gegen Frauen sollen diese Fragen beantworten.

Arbeiten im Patriarchat

Wessen Arbeit ist wie viel wert?

Geld steht für Freiheit und Entfaltungsmöglichkeiten, für Status, Macht und Einfluss. So lässt sich natürlich auch am Einkommen der Grad der Geschlechtergerechtigkeit als einem von vielen Indikatoren bestimmen – und leider feststellen: Gleiche Bezahlung für gleichwertige Arbeit gibt es immer noch nicht, wie jede gängige Berechnung belegt, egal ob sie auf Bruttostundenlöhnen, absoluten Einkommenshöhen oder auf Zahlen basiert, bei denen alle möglichen Einflussfaktoren bereits herausgerechnet wurden. Frauen werden schlechter bezahlt als Männer – überall auf der Welt, überall in Europa und ganz besonders in Deutschland.

Bei einem Vergleich der Bruttostundenlöhne beträgt der Unterschied über alle Branchen hinweg 22 Prozent.[4] Mit anderen Worten: Für jeden Euro, den ein Mann nach Hause trägt, verdient eine Frau nur 78 Cent. Oder noch anders ausgedrückt: Um das Gehalt ihres Mannes von diesem Jahr zu verdienen, müssen Frauen noch bis Mitte März des kommenden Jahres arbeiten. Die Unterschiede in Deutschland sind dabei enorm. Daten des Statistischen Bundesamtes von 2010 ergeben eine Spreizung des Lohnunterschiedes von vier (Mecklenburg-Vorpommern) bis 27 Prozent (Baden-Württemberg). In allen neuen Bundesländern sind dabei die Unterschiede weniger ausgeprägt als in den westlichen Ländern. Die jüngsten verfügbaren Zahlen bis 2013 belegen (mit leichten positiven oder negativen Entwicklungen in diversen Bundesländern) keine Spur von Fortschritt. Deutschlandweit bleibt der Gehaltsunterschied seit 2010 unverändert bei 22 Prozent.[5]

Nach einer wissenschaftlichen Analyse durch das Statistische Bundesamt im Jahr 2011 wurden alle bekannten Faktoren, die indirekt die Lohnhöhe von Frauen negativ beeinflussen, herausgerechnet, also der sogenannte bereinigte Gehaltsunterschied ermittelt. Auch nach dieser Berechnung, die strukturelle Ungerechtigkeiten einfach mal so hinnimmt, verdient eine Frau immer noch acht Prozent weniger als ein Mann, selbst wenn beide

- die gleiche Tätigkeit ausüben,
- über einen äquivalenten Ausbildungshintergrund verfügen,

- in einem (auch vom Standort) vergleichbar großen privaten beziehungsweise öffentlichen Unternehmen tätig sind,
- einer vergleichbaren Leistungsgruppe angehören,
- einem ähnlich ausgestalteten Arbeitsvertrag (befristet/ unbefristet; mit/ohne Tarifbindung, Altersteilzeit ja/ nein, Zulagen ja/nein) unterliegen,
- das gleiche Dienstalter und die gleiche potenzielle Berufserfahrung aufweisen sowie
- einer Beschäftigung vergleichbaren Umfangs (Vollzeit/ Teilzeit) nachgehen.[6]

Diese acht Prozent klingen wenig, aber sie sind ja nur der rechnerische Rest, der die trotzdem vorhandenen tatsächlichen Lohnunterschiede ausblendet. Ein Skandal bleibt ein Skandal, auch wenn man seine Ursachen erklären kann.

Frauen arbeiten häufig in Branchen und Berufen, in denen Verdienste generell niedriger sind. Ist es nicht seltsam, dass es mehr wert ist, auf eine Maschine aufzupassen als auf ein Kind? Ein Maschinenwärter verdient im Durchschnitt knapp ein Drittel mehr als eine Kindererzieherin. Aber selbst wenn Männer und Frauen Vollzeit und im gleichen Beruf arbeiten, gibt es Unterschiede, die stets zugunsten der Männer ausfallen. Selbst bei Verkäufern und Friseuren, beides sogenannte Frauenberufe, liegen die Durchschnittsverdienste Vollzeit arbeitender Männer 45 Prozent respektive 38 Prozent über denen Vollzeit arbeitender Frauen. Männliche Wirtschafts- und Steuerprüfer verdienen sogar 78 Prozent mehr als eine Frau im gleichen Job.[7]

Die höchsten Lohnlücken gibt es bei höherer Ausbildung, in Führungsjobs und Technikberufen. Bei einem

Haupt- oder Realschulabschluss beträgt die Lohnlücke »nur« elf Prozent, bei einem Hochschulabschluss dagegen 27 Prozent. Ausbildung lohnt sich also besonders für Männer. Hören Frauen auf den Rat, einen technischen Beruf zu ergreifen, dann landen sie bei Lohnunterschieden von 30 Prozent. Genauso hoch ist der Gehaltsunterschied, wenn sie es in die Führungsetagen ihrer Unternehmen schaffen.[8] Bestraft werden Frauen offenbar auch für eine Vollzeittätigkeit, denn der sogenannte Gender Pay Gap des Bruttostundenlohnes in Vollzeit ist mehr als viermal so hoch wie der Verdienstunterschied von Bruttostundenlöhnen in Teilzeit.[9]

Auch im Staatsdienst werden Frauen benachteiligt: Der Anteil von Beamten unter den dort beschäftigten Männern ist doppelt so hoch wie bei den Frauen.[10] In den (besser bezahlten) Leitungsfunktionen in den obersten und in den nachgeordneten Bundesbehörden liegt der Männeranteil bei etwa 80 Prozent.[11] Frauen im öffentlichen Dienst werden häufiger in niedrigere Lohngruppen einsortiert – selbst bei gleicher Aufgabe, etwa bei Referatsleitern im Bundesdienst. Dort findet man Frauen in der niedrigsten Besoldungsgruppe A15 überproportional, in der höchsten Besoldungsgruppe B3 jedoch besonders selten. Umgekehrt ist es bei männlichen Referatsleitern.[12]

Auch bei Ministerien und in öffentlichen Betrieben gilt die alte Grundregel: Höherer Frauenanteil korreliert mit niedrigeren Einkommen.[13] Schuldienst, öffentliche Kinderbetreuung, Gesundheitseinrichtungen, Jobs im Umfeld der sozialen Sicherung – alles das sind Beschäftigungen mit niedrigeren Löhnen, dort ist der Frauenanteil unter den Beschäftigten 70 Prozent oder höher. Selbst innerhalb eines einzelnen Zweiges, etwa im Feld

Erziehung und Unterricht, ist die Lohnlücke zwischen Männern und Frauen doppelt so hoch wie im öffentlichen Sektor insgesamt, nämlich 15 statt sieben Prozent. Und wie in der freien Wirtschaft ist der Gehaltsunterschied auch im öffentlichen Dienst in Leitungsfunktionen am höchsten.[14]

Auch in der Privatwirtschaft gibt es eine starke Segregation nach Geschlecht. Es gibt nach wie vor sogenannte Männerberufe und Frauenberufe, also Jobs, in denen traditionell mehr Frauen oder mehr Männer beschäftigt sind. Mit »mehr« meine ich »viel mehr«, also Verhältnisse von mindestens zwei Dritteln zu einem Drittel. Eine Untersuchung des Bundesfrauenministeriums von 2009 hat einmal für Berufe mit besonders hohem und mit besonders niedrigem Lohnniveau die Geschlechterverteilung untersucht. Die hoch bezahlten Berufe verzeichneten Männeranteile zwischen 60 und 80 Prozent, bei den sehr niedrig bezahlten Berufen dominierten die Frauen.[15]

Häufig rät man Frauen deshalb, lieber Berufe zu ergreifen, in denen mehr Männer arbeiten und daher das Gehaltsniveau höher ist. Allerdings ist in diesen Berufen die Gehaltsbenachteiligung oft besonders hoch und Prestige wie Bezahlung verändern sich in dem Maße, wie sich das Geschlechterverhältnis verändert. So waren reine Männerberufe wie der Sekretär, dessen früheres Image man an Bezeichnungen wie »Staatssekretär« noch heraushören kann, früher einmal hoch bezahlt – bis irgendwann immer mehr Frauen diesen Beruf ergriffen. Heute gilt er als Frauenberuf mit deutlich niedrigerem relativen Gehaltsniveau.

Andersherum war Programmierer fast ein reiner Frauenjob, auch wenn das kaum noch jemand zu wissen scheint.

Zur Zeit der Lochkarten jedenfalls war dieser Beruf schlecht bezahlt und wurde vor allem von Frauen ausgeübt. Bis nach Bill Gates der Beruf immer mehr Männer anzog und man anfing, Frauen zu suggerieren, dass IT nichts für sie sei. Seitdem sank der Frauenanteil bei Programmierern in den Keller, dafür sind ihre Gehälter erfreulich angestiegen.

Mit derartigen Statistiken könnte ich noch Dutzende Seiten füllen, ich habe mich auf Beispiele beschränkt. Soll das alles Zufall sein? Warum zeigt sich dann überall – in der Privatwirtschaft, in der öffentlichen Verwaltung, in Ministerien – das gleiche Bild? Nein, das hat System, und die Sozialforschung nennt es strukturelle Ungleichheit. Ich nenne es eine schreiende Ungerechtigkeit.

Wie verteilen sich Arbeit, Armut und Vermögen?

Dass das reale Einkommensniveau von Frauen so viel niedriger ist als das von Männern, liegt auch daran, dass sie überproportional häufig in Teilzeit oder als geringfügig Beschäftigte arbeiten. Über 70 Prozent der ausschließlich geringfügig Beschäftigten sind weiblich[16], 2010 waren das fast zwei Millionen. Mehr als 4,2 Millionen Frauen sind Teilzeitbeschäftigte. Viele von ihnen würden gern mehr arbeiten, können das aber aufgrund familiärer Verpflichtungen nicht tun. Selbst von den 32 Prozent weiblicher Selbstständiger arbeiten 40 Prozent nur in Teilzeit, vorwiegend weil Kinder zu betreuen oder Angehörige zu pflegen sind.[17] Ein geringeres Teilzeiteinkommen wirkt sich später in niedrigeren Rentenbezügen aus. Bei gesetzlichen Altersrenten betrug 2011 die Rentenlücke zwischen Männern und Frauen über 57 Prozent![18]

Alleinerziehende sind besonders häufig von Arbeitslosigkeit betroffen und tragen vor allem deshalb ein besonders hohes Armutsrisiko. Neun von zehn Alleinerziehenden sind weiblich, vier von zehn Alleinerziehenden beziehen Hartz IV, fünf mal so viele Eltern im Vergleich zu Paarfamilien.[19] Alleinerziehende sind der Haushaltstyp mit dem geringsten Vermögen. Erschütternde 43 Prozent der Alleinerziehenden mit einem Kind haben ein Vermögen von null Euro oder sogar Schulden.[20] Jeder zweiten alleinerziehenden Mutter zahlen die Väter den Unterhalt gar nicht oder nicht in voller Höhe. Der Staat springt ersatzweise nur für maximal sechs Jahre ein und generell nicht mehr, wenn das Kind über zwölf Jahre alt ist – als hätten Jugendliche in der Pubertät keinen Bedarf an neuer Kleidung, Wohnraum, gesunder Ernährung, vernünftiger Bildung oder Freizeitgestaltung. Man muss nicht einmal selbst Kinder haben, um diese Regelung idiotisch zu finden. Sie stürzt nicht nur Mütter, sondern auch ihre Kinder in Armut. Bei mehr als zwei Millionen Kindern, die mit nur einem Elternteil aufwachsen, betrifft das sehr, sehr viele Kinder. Fast eine Million Kinder werden von einem Elternteil allein großgezogen und müssen von Hartz IV leben. In einem finanzschwachen Umfeld aufzuwachsen, beeinflusst in Deutschland jedoch die Bildungschancen von Heranwachsenden. Das ist nicht akzeptabel.

Auch Pflegearbeit und Erziehungsarbeit sind in Deutschland ungleich verteilt, der sogenannte Gender Care Gap klafft weit auseinander. Viele Frauen erbringen nicht nur die Hauptlast der Kinderbetreuung, sondern pflegen Angehörige. Schauen wir genauer auf die Elternzeit: Nur jeder vierte Vater nimmt mehr als die zwei sogenannten Vätermonate Elternzeit.[21] Der Anteil Elternzeit nehmender Väter stieg zwar auf aktuell knapp ein Drittel an – aber das bedeutet immer noch, dass zwei Drittel aller Väter überhaupt keine Elternzeit nehmen. Mehr als die Hälfte der Elternzeitväter bleibt übrigens nicht einmal allein, sondern nur gemeinsam mit der Mutter zu Hause. Die Last der frühkindlichen Betreuung bleibt nach wie vor massiv ungleich verteilt, denn 96 Prozent der Mütter bezogen Elterngeld, und zwar für durchschnittlich fast zwölf Monate. Bei Vätern sank die Dauer ihrer Elternzeit sogar auf nun durchschnittlich 3,2 Monate.[22] Dennoch gibt es Vätergruppen, die häufiger als andere Elternzeit nehmen, es sind unter anderem die mit einer moderneren Einstellung zu Geschlechterrollen, Partner von Frauen mit höheren Einkommen, Väter in nicht ehelichen Lebensgemeinschaften und generell ostdeutsche Väter.[23]

Im Gegensatz zu Frauen reduzieren Männer in den wenigsten Fällen ihre Arbeitszeit, wenn sie Kinder haben. Nur winzige sechs Prozent aller Väter minderjähriger Kinder arbeiten Teilzeit (Mütter 69 Prozent), viele allerdings, weil sie keine Vollzeittätigkeit bekommen. Nur homöopathische 1,5 Prozent aller Väter arbeiten aus rein familiären Gründen Teilzeit.[24] Wenn man bedenkt, dass gerade ehemalige Elternzeitväter ihre Arbeitszeit immerhin um 4,5 Stunden pro Woche reduzieren, um auch danach mehr Zeit mit ihren Kindern zu verbringen, ist es umso bedauerlicher, dass nicht mehr Väter Elternzeit nehmen, wo doch offenbar sogar positive Langzeiteffekte messbar sind![25]

Die für Kindererziehung häufiger und länger unterbrochenen Erwerbsbiografien von Frauen sind ein klassischer Karrierekiller und eine der Ursachen für den besonders hohen Gehaltsunterschied in Deutschland. Vergleicht man nicht den Bruttostundenlohn, sondern den Bruttojahresverdienst, liegt der Gender Pay Gap daher bei schockierenden 37 Prozent.

Bezieht man jedoch auch andere Einkunftsarten ein, nämlich neben Arbeitseinkommen auch Gewinneinkommen, Kapitaleinkommen, Vermietungseinkommen sowie Renten, Pensionen und Lohnersatzleistungen, dann sind Männerjahreseinkommen sogar 53 Prozent höher. Frauen bilden die Mehrheit bei Einkommen zwischen 0 und 20 000 Euro jährlich, bei allen Einkommen darüber dominieren die Männer, bei Einkommen über 75 000 Euro jährlich machen Frauen nicht einmal mehr ein Fünftel aus.[26]

Alle diese Effekte führen kumuliert dazu, dass auch die Vermögensverhältnisse ungleich sind. Das individuelle Nettovermögen der Männer lag 2012 in Deutschland 27 000 Euro über dem der Frauen, die damit nur ca. 72 Prozent des durchschnittlichen Männervermögens erreichten. Der Vermögensunterschied beträgt also auch fast ein Drittel.[27]

Generell ist das Armutsrisiko für Frauen höher, auch im Alter.[28] Der Haushaltstyp mit dem höchsten Vermögen in Deutschland ist ein Einpersonenhaushalt eines über 60-jährigen Mannes, der im Durchschnitt über mehr als 150 000 Euro verfügen kann.[29]

Geld allein macht vielleicht nicht glücklich, aber soziale Teilhabe hängt in unserer Gesellschaft leider massiv davon ab. Auch die Freiheit, sich etwa gegen die Fortsetzung einer missbräuchlichen Beziehung zu entscheiden, hängt oft von der Verfügbarkeit eigener Mittel ab. Mangelnde ökonomische Unabhängigkeit macht Frauen erpressbar. Geld und Macht sind allzu häufig miteinander verknüpft, und weniger Geld heißt dann auch zwangsläufig weniger Macht, weniger Einfluss, weniger Freiheit für Frauen. Eine Gesellschaft ist daher erst dann geschlechtergerecht, wenn auch ökonomische Macht gerechter verteilt ist.

Wer trifft Entscheidungen?

Wenn es nach manch aufgeregtem Kommentar geht, dann sind die Frauen schon überall so dominant, dass Männer kaum noch Chancen haben. Laut Managerinnen-Barometer des Deutschen Instituts für Wirtschaft von 2014[30] liegt der Frauenanteil in Vorständen der 200 größten Unternehmen bei vier Prozent. In den letzten fünf Jahren wuchs er um 1,5 Prozentpunkte, zuletzt 2012. Die Männerquote beträgt damit immer noch 96 Prozent. Frauen auf dem Vormarsch? Jawoll, nur dass es in diesem Tempo noch mehr als 150 Jahre bis zur Gleichberechtigung dauert und bis dahin sogar meine ungeborenen Enkel schon tot sein werden.

Am schlimmsten sieht es zwar in den Topführungspositionen aus, aber die Wahrheit ist, dass im Jahre 2013 überhaupt nur 21 Prozent aller Führungspositionen von 260 000 Unternehmen in Deutschland von Frauen besetzt wurden. Interessant bleibt der Ost-West-Vergleich: Alle östlichen Bundesländer liegen nennenswert über dem deutschen Durchschnitt, alle westdeutschen außer Bayern liegen darunter. Sachsen zum Beispiel liegt hinsichtlich des Frauenanteils an Führungspositionen 26 Prozent über dem Bundesdurchschnitt.[31]

Die viel gepriesenen Fortschritte bei den Dax-30-Unternehmen verdienen auch einen zweiten Blick. Ja, immerhin, in den Aufsichtsräten findet sich dort schon auf jedem vierten Posten eine Frau (wow!), aber in den Vorständen sank der Frauenanteil innerhalb von zwei Jahren kräftig, sodass statt 15 nun nur noch zehn Frauen zu den etwa 180 Dax-30-Vorständen gehören. Eine Vorstandsvorsitzende ist nach wie vor nicht dabei. Von den 30 Großunternehmen kommen 21 komplett ohne eine einzige Frau im Vorstand aus.[32] Die 95 Prozent Männerquote gilt also auch bei den 30 größten aktiennotierten Unternehmen. In keiner Branche, in keiner Unternehmensgröße gibt es annähernde Chancengleichheit für Frauen.

Arme Männer? Ex-Telekom-Vorstand Thomas Sattelberger hat für den aktuellen Frauenschwund in Dax-Vorständen einige Erklärungen gefunden – mangelnde Kompetenz der Frauen gehörte nicht dazu, wohl aber eine fehlende Veränderung der Unternehmenskultur und mangelnde Akzeptanz sowohl in der Mitte als auch an der Spitze dieser Unternehmen – die Frauen bleiben Fremdkörper.[33]

Wie sexistisch ist die Arbeitskultur?

Die Arbeitskultur in vielen Unternehmen, ja ganzen Branchen ist immer noch von Sexismus geprägt. Für Frauen macht es einen Riesenunterschied, ob sie sich in einem Unternehmen willkommen fühlen oder nicht, ob sie spüren, dass es auf ihre Kompetenzen ankommt, dass man sie wertschätzt und bereit ist, ihre Potenziale zu entwickeln. Natürlich trifft das für Männer genauso zu, nur Männer finden sich häufiger in einer Kultur, in der das auch der Fall ist. Gerade in männerdominierten Branchen wie der Metall- oder IT-Industrie herrscht oft heute noch eine Firmenkultur, die männlich geprägt und auf Männer ausgerichtet ist.

Ich habe 15 Jahre im Umfeld der IT-Industrie gearbeitet, als Projektleiterin in Unternehmensberatungen mit Schwerpunkt IT, und habe unzählige Male die subtile Botschaft vernommen, dass ich dort eigentlich nicht hingehöre.

Ende der 90er-Jahre zum Beispiel erreichte unser damaliges Großprojekt einen wichtigen Meilenstein, es gab etwas zu feiern, und an Spesengeldern mangelte es nicht. Für über hundert Berater wurde eine große Party organisiert unter dem Motto Südsee. Der Raum war geschmückt mit künstlichen Palmen. Bunte Cocktails mit exotischen Früchten wurden serviert von schönen jungen Frauen, deren Bekleidung aus einer Art Baströckchen, einem Kokosnussschalen-BH und High Heels bestand. Viele Programmierer guckten sie mit großen Augen an, mich aber irritierten diese Damen, die ganz offensichtlich als Belohnung für meine männlichen Kollegen wie Deko-Objekte dazubestellt worden waren. Der Frauenanteil war auch bei diesem Projekt niedrig – an diesem Abend verstand ich besser, warum.

Von dieser Art Betriebsfeiern habe ich öfter Frauen erzählen hören, manchmal kann man sogar in der Tagespresse darüber lesen, etwa wenn ein Versicherungskonzern seine besten Vertriebler nach Ungarn auf eine Incentivereise schickt und mit Prostituierten beglückt. Aber es sind auch kleine Dinge, die diese Art von Kultur vermitteln. Nacktbilder als Computerhintergrund beim Tischnachbarn, beim Teamdinner die sexistischen Witze oder der Mann, der seiner Kollegin erleichtert erzählt, wie froh er ist, dass jetzt eine Frau im Team ist, dann müsse man nicht mehr in so komische Rotlicht-Lokale gehen mit dem Chef.

Noch gibt es Unternehmen wie DELL, die eine Tagung von einem Moderator eröffnen lassen, der es großartig findet, dass sich die IT-Industrie als eine der letzten Branchen noch als Männerbastion halten konnte, und der die anwesenden Frauen allen Ernstes fragt, was sie eigentlich dort verloren haben. Noch immer gibt es IT-Kunden, die ihren Auftraggebern sagen, sie hätten lieber einen männlichen Experten als Berater.[34] Bis wir auch in diesen Bereichen eine wirklich inklusive Kultur erleben, in der sich Frauen willkommen fühlen, muss noch viel passieren. Vor allem aber ist Sexismus nicht nur frauen-, sondern auch männerfeindlich, denn das Männerbild dahinter ist beileibe nicht schmeichelhaft.

Ohne Frauen ist kein Staat zu machen

Wo sind die Frauen in der Politik?

Politische Mitbestimmung ist einer der wichtigsten Eckpfeiler für Geschlechtergerechtigkeit, denn es macht einen Unterschied, ob gesetzliche Regelungen von beiden Geschlechtern gleichermaßen beeinflusst werden können. Das merkt man spätestens, wenn im Parlament wieder einmal das Selbstbestimmungsrecht der Frauen über ihren eigenen Körper diskutiert wird.

Seit 1918 haben Frauen in Deutschland das aktive und passive Wahlrecht. Aber auch 2014 sind im Bundestag nur 36 Prozent Frauen vertreten, in der größten Fraktion von CDU/CSU ist nicht einmal jeder vierte Abgeordnete weiblich. Dennoch ist das schon Frauenweltrekord in der Geschichte des Bundestages. In den Länderparlamenten gibt es große Unterschiede, der Frauenanteil in Bremen ist mit 41 Prozent mehr als doppelt so hoch wie der in Baden-Württemberg, wo nicht einmal 19 Prozent Frauen die Landespolitik mitentscheiden. Erst 1993 wurde zum ersten Mal eine Frau – Heide Simonis – Ministerpräsidentin eines Bundeslandes. Immerhin vier Ministerpräsidentinnen gab es 2014: Christine Lieberknecht (Thüringen), Hannelore Kraft (NRW), Annegret Kramp-Karrenbauer (Saarland) und Malu Dreyer (Rheinland-Pfalz).[35] Vielleicht hat der Umstand, dass mit Angela Merkel seit fast zehn Jahren eine Kanzlerin an der Spitze der Bundesregierung steht, die eine oder andere Hürde in der Vorstellungskraft von Politikern abgebaut. Dennoch ist nur ein Drittel (33,5 Prozent) der Regierungschef*innen, Minister*innen und Senator*innen in Landesregierungen weiblich.[36] Bei Staatssekretär*innen, Staatsrät*innen und Ministerialdirektor*innen in den Bundesländern sind es sogar nur 25,6 Prozent, in drei Bundesländern waren es sogar nur zehn Prozent.[37]

Noch negativer ist die Lage in den Kommunalparlamenten, aber sie sind weniger im Fokus der Aufmerksamkeit – vielleicht ein Grund dafür, dass über den erschreckend niedrigen Frauenanteil von ca. 25 Prozent kaum debattiert wird. Je kleiner eine Kommune, desto höher wird statistisch der Männeranteil. In den 313 Landkreisen machen zu 90 Prozent Männer die Politik. Die Verwaltungsspitzenpositionen von Landkreisen, kreisfreien Städten und Bezirken besetzen Männer zu 92 Prozent. In vier Bundesländern liegt der Frauenanteil an diesen Positionen sogar unter fünf Prozent. Dass es auch anders geht, zeigt Mecklenburg-Vorpommern, wo Frauen 38 Prozent dieser Posten besetzen.[38] Bei den hauptamtlichen Bürgermeistern sind 96 Prozent Männer – mehr als bei Dax-Vorständen.[39]

Da Kommunalpolitik Menschen in ihrem unmittelbaren Umfeld direkt beeinflusst, ist es besonders bedauerlich, dass Frauen so wenig mitbestimmen, wenn es um Entscheidungen über Kinderbetreuung, öffentlichen Nahverkehr, Jugendzentren, Bebauungspläne oder Ähnliches geht. Ein Haupthindernis scheint der hohe zusätzliche Zeitaufwand zu sein, der neben Berufstätigkeit und Familie durch das kommunalpolitische Ehrenamt entsteht. Nicht einmal jede fünfte kommunalpolitisch aktive Frau ist vollzeitberufstätig und hat ein Kind im Haushalt.[40]

Wer kann sich politische Beteiligung leisten? Fragt man kommunalpolitisch aktive Frauen, geben sie neben dem Zeitproblem auch kulturelle Aspekte an, die Frauen an mehr Engagement hindern: Redekultur, Arbeitsklima, Fraktionszwang, aber auch mangelnde Unterstützung im persönlichen Umfeld.[41] Oft werden Frauen einfach nicht gewählt, weil sie sich auf schlechteren Listenplätzen ihrer Parteien wiederfinden, denn unter den Kandidat*innen ist ihr Anteil höher. Das ist nur dort anders, wo es eine Quote und ein Reißverschlussprinzip bei der Listenbesetzung gibt.[42] Eine deutschlandweite Quote gibt es jedoch bisher nicht, jede Partei entscheidet selbst. Bündnis90/Grüne haben eine 50-Prozent-, die SPD eine 40-Prozent-Geschlechterquote. Andere Länder sind da weiter. Frankreich änderte sogar seine Verfassung, um das sogenannte Parité-Gesetz zu verabschieden, das für Frauen und Männer den gleichen Zugang zu Wahlmandaten und -ämtern regelt.[43] Seither ist dort der Frauenanteil von 26 Prozent auf 48 Prozent gestiegen.[44] Die Umsetzung der Quote schien nicht einmal in kleinen Städten ein Problem zu sein. Bei uns aber tut sich nichts, nicht einmal in Großstädten erreichen wir im Mittel mehr als 33 Prozent Frauen unter Kommunalpolitiker*innen.[45]

Männerdominanz in Behörden, Gremien, Ministerien

Parlamente bilden nur einen Teil der politischen Gestaltungsmacht. Auch in den Behörden und Ministerien werden wichtige Weichen gestellt. Gibt es dort mehr Gleichberechtigung? In den Behörden arbeiten massenhaft Frauen, aber wie überall nimmt ihr Anteil mit der Hierarchiestufe ab. Auf Minister*innen wird ja noch geguckt, da wäre ein zu peinliches Geschlechterverhältnis unangenehm. Aber auf die Ebenen darunter schaut kaum noch jemand. Da dümpeln die Anteile von Frauen in Führungspositionen in fünf Ministerien noch unter 30 Prozent, das Bundesfinanzministerium bleibt sogar unter 20 Prozent! Geschlechterparität in Führungsebenen kann nur Frauenministerin Manuela Schwesig vorweisen.

In obersten Landesbehörden leiten Frauen etwa jede fünfte der 867 Abteilungen (20,3 Prozent). In obersten Bundesbehörden haben Frauen noch weniger zu sagen. Gerade mal knapp 16 Prozent ist ihr Anteil an Führungspositionen dort.[46]

Interessant ist in diesem Zusammenhang, dass die Bundesregierung konsequent eigene Vorschriften ignoriert. So gibt es seit 1994 ein Bundesgremienbesetzungsgesetz[47] mit dem erklärten Ziel, eine gleichberechtigte Teilhabe von Männern und Frauen in Gremien herzustellen. Zwanzig Jahre später ist das leider immer noch nicht der Fall.

Der letzte Gremienbericht von 2009 stellt fest, dass nur 14 Prozent aller vom Bund allein besetzten Gremien mit mindestens 40 Prozent Frauen besetzt waren, der Gesamtanteil von Frauen lag unter einem Viertel.[48] Seit 2005 stieg sogar der Anteil der Gremien, in denen keine einzige Frau saß.[49] Selbst der Vermögensbeirat der Stiftung »Mutter und Kind« kommt ohne Frau aus, obwohl er vom Bundesministerium für Familie, Senioren, Frauen und Jugend (BMFSFJ) bestellt wurde.[50]

Diese Gremien sind einflussreiche Netzwerke mit zum Teil hoher Entscheidungsgewalt. Zu ihnen gehören Vorstände (zum Beispiel der Bundesagentur für Arbeit), Verwaltungsräte, Aufsichtsräte, Sachverständigenkommissionen, Sonderkommissionen (zum Beispiel Monopolkommission), Beiräte und internationale Gremien, aber auch Auswahl- und Prüfungskommissionen sowie Gremien, die sich Regulierungsfragen, der Immobilienverwaltung des Bundes oder der Reaktorsicherheit widmen. Der Gremienbericht kritisierte auch die mangelnde Transparenz zu Gremien und ihrer Besetzung.[51] Wie überall ist jedoch umfassende Transparenz der erste Schritt zur Beseitigung eines Missstandes. Es spricht Bände, dass auch Ende 2014 die aktuellsten Daten der Bundesregierung von 2009 stammen.

Leider auch kein Vorbild: öffentliche Unternehmen

Im Jahr 2014 gab es erstmalig einen Women in Board Index für öffentliche Unternehmen.[52] Insgesamt 225 Unternehmen mit öffentlicher Beteiligung umfasste dieser Index. Selbst dort, wo der Staat direkt mehrheitlichen Einfluss ausüben kann, stellen Frauen nur ein Viertel der

Aufsichtsratsposten. Noch schlechter sind die Zahlen bei den operativen Führungspositionen: 14 Prozent Frauen arbeiten in Topführungsetagen der größten öffentlichen Unternehmen. Jedes Zehnte der untersuchten Unternehmen, an denen der Staat – man muss das hier noch einmal wiederholen – mehrheitlich (!) beteiligt ist, ist in Topführungsgremien und im Aufsichtsrat völlig frauenlos. Das Schlusslicht scheinen öffentlich-rechtliche Banken zu sein. Im Jahr 2011 hatten 92 Prozent aller 53 öffentlich-rechtlichen Banken keine einzige Frau in ihren Vorständen. Insgesamt hatten Frauen einen Anteil an den Vorstandspositionen von 2,5 Prozent – das ist gerade einmal halb so viel wie in Dax-30-Vorständen.[53]

»Männer und Frauen sind gleichberechtigt. Der Staat fördert die tatsächliche Durchsetzung der Gleichberechtigung von Frauen und Männern und wirkt auf die Beseitigung bestehender Nachteile hin.« So steht es in Artikel 3, Absatz 2 des Grundgesetzes und so legitimiert der Staat auch das Quotengesetz für die Privatwirtschaft. Eine gute, eine wichtige Regelung. Aber wer etwas ernst meint, fängt bei sich selbst an. Glaubwürdigkeit und Integrität bleiben sonst auf der Strecke.

Bildung und Wissenschaft: Ein Anfang reicht nicht

Bildung schon ab dem Kindergarten und in allen Schularten prägt Kinder sehr stark und hat einen wesentlichen Einfluss darauf, ob Geschlechterstereotype verstärkt oder geschwächt werden – also darauf, ob unsere Kinder in engen Norm-Schubladen groß werden oder mit einem vielfältigeren Bild davon, wie man als Junge oder Mädchen sein darf. Wenn man bedenkt, dass die eingesetzten Bildungsmaterialien für diese Prägung mitverantwortlich sind, ist es ziemlich erschütternd, dass viele Schulbücher immer noch aus der Zeit gefallene Rollenbilder vermitteln. Eine Analyse von Sachbüchern der Klassen 1 bis 4 ergab das ernüchternde Ergebnis, dass zwar Männer und Frauen gleich häufig abgebildet wurden, aber Männer doppelt so oft wie Frauen in einem Beruf dargestellt waren (65 vs. 35 Prozent). Männerberufe entsprachen sehr traditionellen Vorstellungen, am häufigsten waren sie als Bauarbeiter, Polizist, Feuerwehrmann oder Handwerker abgebildet. Frauen fanden sich dagegen fast alle in »Frauenberufen«: Fast 40 Prozent aller dargestellten berufstätigen Frauen waren Lehrerinnen, auf über zehn Prozent Anteil kam nur noch die Verkäuferin.[54] Auch die Darstellungen der Schüler*innen war stereotyp und oft zuungunsten der Jungen, die allein als Verursacher von Aggressionen und stark überdurchschnittlich mit störendem und unangemessenem Verhalten in den Grundschulbüchern abgebildet wurden.[55]

Während der Schulzeit verschlechtert sich das Selbstbewusstsein von Mädchen in Bezug auf ihre eigene Leistungsfähigkeit, obwohl sie im Durchschnitt höhere Leistungen bringen. Woran mag das liegen? Es gibt Bildungsforscher*innen, die unterschiedliches Verhalten von Lehrer*innen in Abhängigkeit vom Geschlecht der Schüler*innen als eine Ursache dafür sehen. So zeigten Untersuchungen in Schulen, dass Jungen häufiger als Mädchen für erbrachte Lernerfolge gelobt werden, Mädchen bei Misserfolgen jedoch häufiger getadelt werden als Jungen. Andere Studien ergaben, dass Mädchen in Sachkunde und Mathematik signifikant seltener von Lehrer*innen angesprochen wurden als Jungen.[56]

Eine Tatsache sind dennoch die seit Jahrzehnten sehr guten Erfolge von Mädchen im Bildungssystem. Seit mehr als 60 Jahren erreichen Mädchen bessere Schulnoten als Jungen, seit 1983 machen sie häufiger Abitur.[57] Schulabgänger ohne Schulabschluss sind zu 61 Prozent Jungen.[58] Ein Zustand, den man aus keiner Perspektive gutheißen kann, denn wenn Jungen signifikant häufiger als Mädchen zu den Bildungsversagern gehören, ist das eine Entwicklung, die kein Kind verdient und die sich kein Land leisten kann. Ich glaube persönlich allerdings nicht, dass das am hohen Frauenanteil in den Grundschulen liegt, wie in der Debatte um Bildungsqualität in Deutschland oft argumentiert wird. Schon seit über hundert Jahren lassen sich die höhere Leistungsbereitschaft von Mädchen an Schulen und damit verbunden bessere Noten nachweisen, damals waren jedoch noch viel weniger Frauen im Lehrdienst beschäftigt. Studien haben darüber hinaus längst nachgewiesen, dass das Geschlecht unterrichtender Lehrer*innen keinen Einfluss auf den Schulerfolg hat.[59]

Statt einfacher Schuldzuschreibungen sollte die Debatte sich besser darum drehen, wie wir ein flexibleres und besseres Bildungssystem schaffen, das jedem Kind in seiner Individualität und unabhängig vom sozialen Hintergrund seiner Familie gerecht wird.

Immerhin lässt sich eines festhalten: Die schlechteren Schulleistungen der Jungen haben für sie am Arbeitsmarkt keine langfristigen Folgen. Wie in den vorigen Kapiteln bereits deutlich geworden ist, zahlt sich der Bildungsvorsprung der Mädchen nicht für sie aus. Männlich sein ist also für Karriere und Lebenseinkommen offenbar immer noch relevanter als gute Noten in der Schule.

Das macht sich dann im Arbeitsleben, auch in der Wissenschaft bemerkbar. Richtig ist, dass schon seit einiger Zeit die Hälfte der Studienabsolvent*innen weiblich ist. Großartig ist der starke Anstieg des Frauenanteils bei Promotionen, wo inzwischen mit 45 Prozent fast Parität erreicht ist. Aber an der nächsten Station sind die gläsernen Decken noch dick – nicht einmal jede dritte Habilitation (27 Prozent) stammt von einer Frau. Wissenschaftliche Karrieren sind ebenfalls noch Männerdomänen, denn 80 Prozent aller hauptberuflichen Professoren an deutschen Hochschulen sind männlich.[60]

Das ist selbst in Fachbereichen so, die einen extrem hohen Studentinnenanteil haben, wie in der Tiermedizin. Wie überall ist der Frauenanteil umso geringer, je höher dotiert die Stellen sind. Bei den bestbezahlten C4-Professuren ist nur noch jede Zehnte durch eine Frau besetzt.[61]

Warum auch sollten im Wissenschaftsbetrieb die strukturellen Benachteiligungen, zum Beispiel die Rahmenbedingungen bei der Arbeit in Kombination mit traditionellen Rollenverteilungen in der Familie und stereotype Kompetenzzuschreibungen, geringer sein als anderswo?

An höheren Forschungseinrichtungen ist das Missverhältnis besonders eklatant. Man könnte den Eindruck gewinnen, dass es ebenso schwer ist, als Frau in einen Dax-30-Vorstand zu gelangen wie in die höheren Führungspositionen eines Forschungsinstitutes. Das renommierte Fraunhofer-Institut ist dabei das Schlusslicht, nur zwei Prozent Frauen gibt es dort in höheren Funktionen, selbst bei Wissenschaftlerstellen geht nur jede Fünfte an eine Frau.[62]

Man muss sich deutlich machen, dass die vielfältigen Barrieren im Wissenschaftsbetrieb nicht nur für die betroffenen Frauen ein Problem sind, die an der Entfaltung ihrer Potenziale gehindert werden, sondern auch unseren Wissenschaftsstandort und den ganz Europas international schwächen.

Perfektes Paar: Medien und Sexismus

SEXism sells

Nirgendwo können wir der Werbung entfliehen, zahllose Werbeeindrücke wirken jeden Tag auf uns – von Plakaten, aus Zeitschriften, Fernseh- oder Radiowerbung, als Wurfsendungen im Briefkasten, in Schaufenstern, auf Verpackungen, Bussen und Autos sowie online – einfach überall. So sind selbst Kinder in Deutschland jährlich der Wirkung von 20 000 bis 40 000 Werbespots ausgesetzt.[63] Und Werbung hat selbstverständlich eine Wirkung, sonst würden Unternehmen überall auf der Welt nicht Milliarden dafür investieren, etwa 25 Milliarden Euro allein in Deutschland. Die Autor*innen des Buches *Die Rosa-Hellblau-Falle*, Almut Schnerring und Sascha Verlan, bringen es in ihrem sehr empfehlenswerten Werk treffend auf den Punkt:

>»Den größten Einfluss auf unseren vermeintlich persönlichen Geschmack hat die Werbung. Sie schafft willkürlich Kategorien, innerhalb derer möglichst alle gleich sind, das Gleiche mögen, das Gleiche wollen.«[64]

Hersteller von Kinderkleidung oder Spielzeug haben wohl gegrübelt, wie sie ihre Umsätze trotz schrumpfender Geburtenraten weiter steigern können. Ihre Strategie: die Zielgruppen nach Geschlecht aufzuspalten und in der Werbung den altbekannten Stereotypen gemäß zu adressieren. Angeblich werden nur angeborene Unterschiede angesprochen. Alles klar, weibliche Babys haben selbstverständlich einen ganz natürlichen Hang zu rosafarbenen und männliche Babys zu hellblauen Stramplern und Lätzchen – was für ein himmelschreiender Unfug!

Selbst ob sich Fernsehwerbespots an Jungen oder Mädchen als Zielgruppe richten, kann man eindeutig an der Farbe unterscheiden: Rot und Blau dominieren in den Spots für die Jungen, die Bonbonfarben Pink, Rosa und Hellgrün bei den Mädchen. Im Mädchenspot dudelt dazu softe Kindermusik oder bestenfalls Pop, bei den Jungs gibt's die härtere Gangart: Rock, Metal oder Filmmusik. Jungenspots spielen überwiegend draußen, Mädchenspots in der häuslichen Umgebung.[65] Geht es noch ein bisschen stereotyper?

So lernen Mädchen und Jungen früh, welche Spiele, Kleidung oder welches Verhalten ihrem Geschlecht angemessen ist: So ist ein richtiger Junge! So ein richtiges Mädchen! Und weil Kinder die an sie gestellten Erwartungen erfüllen möchten, entsprechen sie dem Werbedruck und wünschen sich genau das, was die Industrie ihnen gern verkaufen möchte: Prinzesschen und Pferdchen für das Mädchen, Monster und Technikbaukästen für den Jungen. Aber was passiert, wenn Kinder diesen Erwartungen nicht entsprechen wollen? Immer wieder gibt es Mädchen, die sich mit Briefen bei Unternehmen wie Lego darüber beschweren, dass das für sie vorgesehene Spielzeug langweilig ist, dass es bei Lego kaum weibliche Minifiguren gibt, die spannende Dinge tun.

Immerhin haben Mädchen noch gewisse Spielräume, wenn sie ihre Rosa-Nische verlassen möchten. Sie können normale Überraschungseier kaufen und Lego für Jungs. Wenn sie Schuhe für Jungs tragen, wird das vermutlich keiner merken, weil es einfach funktionale Schuhe sind. Wenige Mädchen werden von Jungenbildern auf einer Verpackung abgeschreckt, denn sie sind es gewöhnt, dass Jungen auf allem möglichen drauf sind, was nicht ausschließlich für Mädchen ist.

Umgekehrt haben Jungen diese Freiheit praktisch nicht. Ist ein Spielzeug oder Kleidungsstück als »Mädchenvariante« gestaltet und ein Junge möchte es benutzen oder tragen, so muss er leider damit rechnen, gehänselt zu werden. Selbst die eigenen Eltern sind verunsichert, manche haben sogar Angst, ihr Sohn wird schwul, wenn er »Mädchensachen« verwendet. Im Kindergarten und in der Schule wird es oft Bemerkungen geben. Aber warum ist das so?

Dahinter steckt die tief verwurzelte Vorstellung von einer Hierarchie der Geschlechter. So wurde den Autor*innen von *Die Rosa-Hellblau-Falle* von einer Vertreterin von Kosmos erklärt, dass deren

»Produkte, Spiele oder Experimentierkästen, die sich an Mädchen und Jungen richten, niemals nur mit einem Mädchen auf dem Cover beworben werden. Mädchen akzeptierten auch ein Produkt, auf dem ein Junge abgebildet ist, bei Jungen dagegen stoße das auf Ablehnung, sie seien nur interessiert, wenn auch oder ausschließlich Jungen abgebildet seien.«[66]

Für ein Mädchen gilt es als Aufwertung, wenn es sich mit »Jungsdingen« assoziiert. Ein Mädchen ist cool, wenn es auf Bäume klettert, den Todesstern aus Lego baut oder einen Roboter programmiert. Ein Junge ist dagegen total uncool, wenn er sich mit »Mädchendingen« umgibt, weil das als Abwertung verstanden wird. Es scheint eine Erniedrigung des Jungen, mit Mädchenspielzeug zu spielen, Mädchenkleidung zu tragen oder als Erwachsener in einem typischen Frauenberuf zu arbeiten. Deshalb sind Jungen viel häufiger als Mädchen Ziel von Angriffen, Herabsetzungen und Spott, wenn sie rollenstereotype Verhaltensmuster verlassen, und deshalb hüten sich so viele Jungen davor. Ein männlicher Teenager erzählte mir begeistert von seinem Schülerpraktikum in einem Kindergarten. Die Kinder hätten ihn geliebt, und ihm hätte es großen Spaß gemacht. Nein, wehrte er meine Frage ab, niemals im Leben würde er darüber nachdenken, daraus einen Beruf zu machen. Jungs machen so was nicht, die würden dafür ausgelacht, auch wenn er, sagt er, das bestimmt super gut könnte. Von freier Wahl und freien Entscheidungen kann man da nicht mehr wirklich reden.

Zum Glück lassen sich nicht alle Jungen und Mädchen von klischeehaften Rollenbildern in ihrer freien Persönlichkeitsentfaltung einschränken. Aber auf die Mehrheit wirkt die Werbung genau so, wie sie es soll: Sie zwingt uns in Schubladen, die ein standardisiertes Verhalten vorschreiben. Sie vermittelt uns, worauf es bei einer Frau wirklich ankommt. Nicht schlau muss sie sein, nicht erfolgreich im Beruf, nicht selbstbewusst. Mädchen lernen früh, was heute vermeintlich eine Frau ausmacht: Sie soll sexy und attraktiv sein, um Männern zu gefallen.

Unrealistisch dünne und makellose Models in spärlicher (oder fehlender) Bekleidung, oft in aufreizenden

Posen, helfen der Wirtschaft, alles zu verkaufen, von Bier über Autos bis zu Baudienstleistungen oder Deos. Die Frau dient als sexy Deko. Meist ist sie nicht einmal als ganzer Mensch abgebildet, es fehlen häufig gerade die Körperteile, die sie als Persönlichkeit erkennbar machen: der Kopf und ihr Gesicht. Was letztendlich dahintersteckt: Es geht nicht um die Frau als Individuum, sondern allein um äußere Merkmale. Sie wird objektifiziert, sie wird zu einem Gegenstand, der einen anderen Gegenstand aufwerten soll.

Auf YouTube kann man sich nachgestellte Werbefilmchen ansehen, in denen Männer die Rollen von Frauen in den echten Werbespots spielen. Das Ergebnis ist absurd. Jeder findet es befremdlich, wenn sich ein Mann auf einem Bett lüstern in Kartoffelchips räkelt und dann aufreizend in einen Chip hineinbeißt. Den echten Spot mit einer Frau fand die Mehrheit der Betrachter wohl völlig normal. Normal bedeutet hier der Norm entsprechend, die die Werbung erzeugt, indem sie Rollenklischees unablässig wiederholt. Aber solche Normen machen krank.

Essstörungen sind ein wachsendes Problem gerade bei jungen Mädchen und Frauen. Sie sind die tödlichste psychische Erkrankung.[67] Noch nie waren so viele Mädchen mit ihrem Körper und ihrem Aussehen unzufrieden. Schon viele Grundschulmädchen machen Diäten. Teenager denken über Schönheitsoperationen nach. Sie vergleichen ihr Spiegelbild mit einem Photoshop-Ideal, das in vielen Fällen nicht einmal lebensfähig, ganz bestimmt aber nicht gesund wäre. Werbung vergiftet das Körpergefühl und das Selbstverständnis von Mädchen und Frauen. Eine gigantische Industrie vermarktet ihre Produkte mit der Strategie, Millionen Frauen zu verklickern, wie defizitär sie sind und wie der Erwerb von irgendetwas dieses vermeintliche äußerliche Defizit verringern könnte. Was für ein perfides System!

Um das Grundrauschen konkurrierender Werbung zu durchdringen, werden Werbedarstellungen immer expliziter, immer drastischer, bis hin zu Darstellungen sexualisierter Gewalt. Der Werberat unternimmt dagegen fast nichts. Von dem mit großer Mehrheit männlich besetzten Gremium gibt es bei Beschwerden gern den Rat, das Ganze doch mal von der ironischen Seite zu sehen.

Tatsächlich jedoch birgt diese Art objektifizierender, hypersexualisierter und Frauen abwertender Werbung auch eine große Gefahr. Denn die Abwertung und Entmenschlichung einer Bevölkerungsgruppe führt dazu, dass direkte Diskriminierung und physische Gewalt gegen diese tolerierbarer werden. Mechanismen, die man vom Rassismus kennt, lassen sich auch auf Sexismus übertragen. So wie Menschen aufgrund ihrer Hautfarbe Opfer von Gewalt werden, sind auch Frauen allein aufgrund ihrer Geschlechtszugehörigkeit Gewalt ausgesetzt – dazu mehr ab S. 71.

Ein objektifiziertes Frauenbild, das sich an den äußerlichen Merkmalen Schönheit und Jugend definiert, hat weitere unangenehme Folgen. Es wertet Frauen, die mit diesen Merkmalen nicht dienen können, ab. Männer reifen, Frauen verwelken, heißt es etwa. Verwelkte Blumen wirft man auf den Kompost. Ältere Frauen werden dagegen unsichtbar, am Arbeitsmarkt weniger akzeptiert. Selbst für Schauspielerinnen und Fernsehmoderatorinnen gibt es Altersschallmauern. Die Chefredakteurin der *Frankfurter Rundschau*, Bascha Mika, hat dieses Phänomen unlängst umfassend in einem Buch beschrieben.[68]

Werbung ist nicht harmlos. Mehr denn je erzeugt Werbung eine Kultur der extremen Geschlechterdifferenzierung und Abwertung von Frauen, sie basiert zugleich auf einem negativen Männerbild und schreibt es fort. Sie prägt so Stereotype und behindert direkt eine gesellschaftliche Entwicklung zu mehr Geschlechtergerechtigkeit – wenn sie nicht in den meisten Fällen sogar zu einer Verschlechterung beiträgt.

Geschlecht macht Nachricht

Immer noch sind Frauen in der meinungsbildenden Berichterstattung – sei es als Berichtende oder als Objekt der Berichterstattung – eklatant unterrepräsentiert. Männer machen News, jedenfalls mehrheitlich und insbesondere in den »harten« Themen wie Wirtschaft und Politik. Es geht dabei um nichts weniger als die Interpretationshoheit in einer Wissensgesellschaft.

Seit 2012 fordern 350 Journalist*innen mit ihrem Aufruf »Pro Quote«, dass bis 2017 mindestens 30 Prozent aller journalistischen Führungspositionen mit Frauen besetzt sind, von der Ressortleitung bis zur Chefredaktion. Länger schon ist die Mehrheit der Absolvent*innen von Journalistenschulen weiblich. Aber ihre Arbeit beurteilen männliche Chefs, und dabei geht es natürlich »immer nur nach Kompetenz« – was dann im Umkehrschluss offensichtlich heißen soll, dass Journalist*innen schlechter arbeiten als männliche Kollegen. Aber allein mit Kompetenz kann es nicht zu tun haben, dass nur zwei Prozent der Chefredakteure in Deutschland weiblich sind.

Pro Quote nahm deshalb die Frauenanteile in den vier höchsten Führungsebenen von 16 wichtigen deutschen

Redaktionen unter die Lupe. Nur *Die Tageszeitung* aus Berlin kam auf eine paritätische Besetzung. Die Hälfte aller untersuchten Medien hatte einen Frauenanteil in den Führungspositionen von unter 20 Prozent, renommierte Blätter wie die *Frankfurter Allgemeine Zeitung* und die *Süddeutsche Zeitung* kamen nicht einmal auf zehn Prozent.[69]

Aber neben der Frage, wer die News schreibt, ist zu fragen, über wen geschrieben wird und wie. Hier sind die Befunde ähnlich ernüchternd: Weltweit, in Medien aus über hundert Ländern, machen Frauen nicht einmal ein Viertel der Personen aus, über die berichtet wird.[70] Es ist nicht erklärbar, warum 86 Prozent aller in Leitmedien befragten Expert*innen in Deutschland Männer sind, als gäbe es keine Frauen, die kompetent sind. Aber dafür dürfen wir als Opfer in Erscheinung treten, da machen wir nicht nur mickrige 14, sondern fast 60 Prozent aus, obwohl nicht nur die Täter*innen in Deutschland mehrheitlich männlich sind, sondern auch ihre Opfer, aber das passt nicht so gut ins Bild.[71] Die Art und Weise, wie Frauen in Medien vorkommen, wirkt unterbewusst auf uns alle und zementiert veraltete Rollenbilder.[72] Bei Frauen scheint relevant, ob sie allein leben oder nicht, wie sie aussehen und was sie anhaben[73], sie werden häufig leicht bekleidet oder nackt abgebildet.

Es spielt eben doch eine Rolle, *wer* die News macht. Dazu gibt es wenige Zahlen, aber 2013 hat die Berliner überregionale *taz* einmal vier Erscheinungswochen lang genau gezählt, wer ihre Texte schreibt und über wen. Das Ergebnis war selbst für die eher feministisch geprägte Zeitung mit einer der wenigen Chefredakteurinnen an der Spitze ernüchternd:[74]

- 65 Prozent aller 197 703 Textzeilen waren von Männern geschrieben.
- 78 Prozent aller Textzeilen im Ressort Wirtschaft/Umwelt und
- 89 Prozent aller Textzeilen im Ressort Sport stammten von Männern.
- 72 Prozent aller 865 Hauptprotagonist*innen, um die es in den Texten des Blattes ging, waren männlich.
- 67 Prozent aller 776 auf Fotos abgebildeten Menschen waren Männer.

In der *taz* debattierte man diese Erkenntnisse, um Konsequenzen daraus zu ziehen, und mehr Vielfalt zu erreichen. Ein erster Schritt.

TV, Kino, Literatur: So entstehen Prägungen

Höchstwahrscheinlich gibt es einen Zusammenhang zwischen den vielen Ermittlerinnen im Tatort und in Vorabendserien und der stark angestiegenen Attraktivität des Polizistenberufs für Mädchen. Das Beispiel zeigt, wie mächtig Medien wirken können und dass sie einen Einfluss auf die Lebensgestaltung Jugendlicher haben. Deshalb ist das Fehlen von Vorbildern ein häufig zitierter Faktor, der die Berufswahl von Jungen und Mädchen beeinflusst. Es reicht eben nicht, ab und an eine Kommissarin oder Pathologin im Fernsehen zu sehen, wenn ansonsten überwiegend alte Stereotype bedient und sogar massiv verstärkt werden und wenn vor allem die Erzählperspektive der Frauen fehlt. Heldinnen gibt es nach wie vor sehr wenig. Die wenigen vorhandenen haben eines gemeinsam: Sie sind auf jeden Fall schön und sexy.

Die Autor*innen von *Die Rosa-Hellblau-Falle* beschreiben die Problematik sehr ausführlich und zitieren eine ganze Reihe erschreckender Studien. Unter anderem die weltweit größte Medienanalyse zum Kinderfernsehen, die nachweist, dass von 26 500 Hauptfiguren in 24 Ländern nur 32 Prozent weiblich waren. In Kinofilmen für Kinder ist nicht einmal ein Drittel der Sprechrollen weiblich.[75] In Deutschland sind wir besonders schlecht – 31 Prozent der Hauptfiguren im deutschen Kinderfernsehen sind weiblich, die ARD kommt sogar nur auf 24 Prozent.[76] So finden Mädchen schon rein quantitativ weniger Identifikationsfiguren, aber darüber hinaus ist selbst dieser kleine Anteil meist nicht geeignet, Kindern ein starkes und vielfältiges Mädchenbild zu vermitteln. Prinzessin Lillifee, die schwerelos durch eine Märchenwelt schwebt und mit der man zusammen Perlen suchen oder ein Schmetterlingsrennen veranstalten kann, ist nur ein buntes, oberflächliches Abziehbild. Im Online-Gewinnspiel gibt es Silberkettchen und bespielbare Kleiderschränke. In den Lillyfee-Magazinen gibt es neben »Elfentanz« und einem »glitzernden Zauberwald« auch »köstliche Rezepte«. Die Bastelbeilage ist ein glitzernder Klebstoff. Im Onlineshop des Verlages sind von den 276 Lillifee-Fanartikeln 276 in der Farbe Rosa. Die Produktpalette reicht vom Radiergummi in Edelsteinringform bis zu Spiegelchen, Bürstchen, Nagellack oder gleich einem ganzen Beautyset. Die Zielgruppe ist drei bis sieben Jahre alt![77]

Tanzen, schön sein, rosa tragen, glitzern, kochen und backen – das ist die Welt der »Feen-Freundinnen« oder das soll sie einmal werden. Nichts gegen Glamour, Glitzer und rosa, aber wenn Mädchen immer nur Glamour, Glitzer und rosa präsentiert bekommen, finden andere

Interessen weniger Resonanzflächen für ihre Entfaltung. Ihre Spiel- und Fantasiewelt wird eintöniger. Wer die letzten 15 Jahre Kindermedien beobachtet hat, konnte das miterleben. Wirklich erschütternd, wie viel Geld sich mit geschmacklosem rosa Kitsch verdienen lässt: So ein Lillifee-Ranzenset für die Schule kostet 199 Euro, das Lillifee-Magazin hat mit einer Auflage von fast 100 000 Stück, 13-mal im Jahr, einen jährlichen Vertriebsumsatz (ohne Werbeeinnahmen) von 4,4 Millionen Euro.[78]

Es sind Fernsehserien wie Germany's Next Topmodel, die dazu führen, dass (fast) eine ganze Generation Mädchen sich defizitär fühlt, trotzdem von einer Modellkarriere träumt und künftigen Erfolg und Anerkennung damit verbindet, wie dünn und hübsch sie aussehen. Maya Götz wertete viele Studien zum Kinderfernsehen aus, unter anderem hinsichtlich der Körperformen von männlichen und weiblichen Figuren. Das Ergebnis ist zum Weinen.

So wurde das Verhältnis von Taille zur Hüfte von realen Frauen verglichen mit dem Verhältnis der Fernsehfiguren: 67 Prozent der Fernsehmädchen und -frauen haben Körper, die physisch überhaupt nicht erreichbar und »definitiv nicht normal« sind. Ihre Taillen sind dünner als die von Barbie. Bei einigen hätte nicht einmal eine Wirbelsäule Platz.[79] Mehr als die Hälfte hat Beinlängen, die es in der realen Welt nicht gibt.[80] Man könnte argumentieren, dass es ja schließlich um Fantasiefiguren gehe und nicht um Dokumentarfilme, aber der Vergleich mit den Jungencharakteren ernüchtert sofort. Denn nicht einmal sechs Prozent von ihnen haben einen Körper, der physisch unrealistisch ist.[81] Jungen haben also Identifikationsfiguren, die zumindest was ihre Körper betrifft, mit ihnen vergleichbar sind. Es gibt darunter eine hohe Vielfalt, dicke und dünne, lange und kürzere. Für jeden Jungentyp ist etwas dabei. Mädchen jedoch sehen sich konfrontiert mit unfassbaren weiblichen Körpern, die sie mehrheitlich niemals erreichen könnten, egal wie viel sie hungern, Sport treiben oder sich operieren lassen. Die Figuren scheinen eher den etwas verqueren Wunschvorstellungen männlicher Zeichner und Filmemacher zu entsprechen als den Bedürfnissen von Kindern.

Maya Götz beschreibt die Wirkung von Kindersendungen als »Trojanisches Pferd«, denn sie transportieren neben der offensichtlichen Geschichte immer auch eine subtile Botschaft, deren stereotype Einseitigkeit der Vielfalt von Persönlichkeiten unter Jungen und Mädchen nicht gerecht wird. Beide Geschlechter nehmen damit Vorbilder auf, die für die Praxis nichts taugen.[82] Es entsteht auf diese Weise ein Teufelskreis, in dem sich Jungen und Mädchen zunehmend diesen dominanten Bildern entsprechend verhalten – was wiederum die Schöpfer solcher Werke in ihrem Tun bestätigt: Sie produzieren ja nur die Welten, die die Jungen und Mädchen auch toll finden und sehen wollen. So einfach kann man sich aus der Verantwortung stehlen.

In Erwachsenenfilmen sieht es nicht anders aus. Bei den hundert erfolgreichsten Hollywoodfilmen ist etwa ein Drittel der Sprechrollen ein weiblicher Charakter, Parität gibt es nur bei etwa jedem sechsten Film. Die Frauen sind im Regelfall jünger, sexualisierter, häufiger nackt oder halb nackt. Mit dem sogenannten Bechdel-Test lässt sich mit drei höchst einfachen Fragen der Grad der Geschlechterstereotypisierung eines Films überprüfen:[83]

1. Gibt es mindestens zwei weibliche Sprechrollen? (meist ergänzt um die Anforderung, dass diese einen Namen haben)
2. Reden mindestens einmal zwei Schauspielerinnen miteinander?
3. Reden sie dabei mindestens einmal über etwas anderes als einen Mann?

Erstaunlicherweise erfüllen viele zeitgenössische Filme nicht einmal diese minimalen Anforderungen[84], dabei sind auch Filme, die diesen Test bestehen, noch lange nicht frei von Stereotypen, Sexismus und Frauenfeindlichkeit. Den überwiegend männlichen Drehbuchautoren und Regisseuren[85] scheint einfach nicht klar zu sein, dass jedes zweite Kinoticket von einer Frau gekauft wird. Sie pflegen ihre eigenen Präferenzen und schieben das dann auf »das Publikum«.[86]

Der Bechdel-Test wird inzwischen auch auf Videospiele und Comics[87] angewendet – die Ergebnisse sind keinesfalls besser als beim Film. Gerade Videospiele sind ein Hort einseitigster Stereotype, in dem Männer kraftstrotzende Superhelden und Frauen aus Gefahren zu rettende, passive und/oder aufreizende Sexbomben sind. Spiele werden immer noch vor allem von jungen Männern für junge Männer entwickelt, obwohl inzwischen knapp die Hälfte aller Gamer weiblich sind.[88]

Wie immer jedoch sorgt das System dafür, dass sich hier kaum etwas ändert. Gerade im Filmgeschäft läuft kaum etwas ohne Zuschüsse, und Regisseurinnen, von denen man sich weniger klischeehafte Plots und Figuren erhoffen könnte, erhalten eklatant weniger Fördergelder als Regisseure – zum Beispiel in Deutschland 2013 vom Deutschen Filmförderfonds nur einen lächerlichen

Anteil von knapp sechs Millionen Euro für 13 unterschiedliche Projekte, weniger als ein Zehntel der Gesamtfördersumme in Höhe von 62 Millionen Euro.[89] In den letzten zehn Jahren wurden auch durch Fernsehredaktionen nur 15 Prozent der Regieaufträge an Regisseurinnen vergeben.[90] Im selben Zeitraum führte bei ARD und ZDF nur etwa bei jeder zehnten Sendeminute für fiktionale Sendungen eine Frau Regie. Wie überall ist der Frauenanteil bei Kino- und TV-Regie umso niedriger, je höher die vergebenen Budgets und/oder das Prestige einer Sparte ist. Viele Vorabendserien, die als Brot- und Buttergeschäft in der Branche gelten, haben trotz zahlreicher Sendungen einen Regisseurinnenanteil von null Prozent. Beim begehrten Sendeplatz ARD Sonntagskrimi kamen Regisseurinnen in 2013 auf sechs Prozent.[91] Diese Praxis benachteiligt nicht nur die Filmemacherinnen selbst, sondern verringert auch generell die Arbeitschancen für Frauen in dieser Branche, denn wenn Frauen Filme machen, sind auch in ihren Teams durchschnittlich mehr Frauen zu finden.[92]

Alle genannten Medien prägen uns von Kindesbeinen an. Sie halten Stereotype am Leben, die längst auf die Müllkippe der Geschichte gehören, weil sie Menschen jedweden Geschlechts auf bestimmte Rollen festlegen, aber ganz besonders, weil sie Frauen als eindimensionale, schwache, hypersexualisierte, von Männern abhängige Wesen darstellen und eine allgemeine Irrelevanz ihrer Lebensverhältnisse suggerieren.

Ein #aufschrei ist nicht genug

Sexismus ist Alltag – überall, jeden Tag

Anfang 2013 ging ein Aufschrei durch Deutschland. Viele vermuten als Auslöser für den größten Erfolg eines Twitterschlagwortes in Deutschland einen Bericht im Magazin *stern*, in dem eine junge Journalistin beschrieb, wie der 40 Jahre ältere FDP-Politiker Rainer Brüderle, später sogar zum Spitzenkandidat seiner Partei gekürt, sie eines Abends an einer Hotelbar anbaggerte und ihr dabei zu nahe trat. Dieser Fall mit Promi-Beteiligung eignete sich für die Berichterstattung in den Medien offenbar besser als die vielen Beispiele von Alltagssexismus, die fast zeitgleich einige Frauen im Blog Kleinerdrei und auf Twitter thematisierten. Es hatte auch in anderen Sprachräumen ähnliche Kampagnen gegeben, zum Beispiel mit dem Hashtag #Shoutingback, angestoßen vom Everyday Sexism Project. So verbreitete sich der von Anne Wizorek am 25.01.2013 erstmalig vorgeschlagene Hashtag #aufschrei wie ein Lauffeuer auf Twitter.[93] Der anschließend ausgelöste Sturm, der in wenigen Tagen alle Medien erreichte, hatte jedoch eine Vorgeschichte.

Im Frühjahr 2011 gab ein Polizist in Toronto Studentinnen den Rat, sich nicht wie Schlampen (sluts) anzuziehen, um sexuelle Übergriffe zu vermeiden. Die Studentinnen empörten sich über die typische Verschiebung der Verantwortung vom Täter auf die Opfer und veranstalteten als Protest einen sogenannten Slutwalk (»Schlampenmarsch«), bei dem sie sich betont freizügig anzogen und mit Slogans klarstellten, dass sie sich anziehen können, wie sie wollen, und dass ihre Kleidung keine Rückschlüsse darüber zulässt, ob sie von ihrem Gegenüber angefasst werden wollen oder nicht. Das sogenannte Victimblaming, die Täter-Opfer-Umkehr – à la »Musste sie denn auch nachts im Minirock durch diese Straße gehen!« – ist nicht nur verletzend, sondern auch gefährlich, denn einem Täter signalisiert diese Interpretation nur, dass er selbst eigentlich nichts dafür kann.

Da Victimblaming überall an der Tagesordnung ist, breiteten sich die Slutwalks in kürzester Zeit in der ganzen Welt aus. Im Sommer 2011 gab es Slutwalks in acht deutschen Städten. Der Diskurs über die Sexualisierung von Frauen in der Öffentlichkeit, über die Verantwortung von Tätern für ihre Taten, über Sexismus in der Gesellschaft erhielt neuen Aufschwung. Er flammte erneut auf, als im Jahr 2012 eine besonders brutale Gruppenvergewaltigung einer indischen Studentin die Medien auf der ganzen Welt beschäftigte. Zigtausende Frauen werden in Indien vergewaltigt. Wenn sie Anzeige erstatten wollen, werden sie häufig fortgeschickt und für mitschuldig erklärt. Wenn doch einmal ein Polizist eine Anzeige aufnimmt, sind Verfahren von zehn Jahren Dauer eher die Regel als die Ausnahme, in den seltensten Fällen enden sie mit einer Verurteilung. Gegen eine hohe Anzahl Abgeordneter wird wegen Vergewaltigung ermittelt. Jeden Tag hört man in Indien von Vergewaltigungen. Aber diese eine Vergewaltigung, nach der das Opfer qualvoll starb, wurde Auslöser für eine gewaltige Empörung im ganzen Land. Frauen und Männer gingen zu Tausenden gegen die »Rape Culture« auf die Straße, in der Vergewaltigung ein Kavaliersdelikt ist, von verschiedensten Faktoren begünstigt und vom Rechtssystem fast gar nicht verfolgt wird.

Aber selbst in diesem Fall meldeten sich hochrangige Persönlichkeiten des öffentlichen Lebens und gaben der jungen Frau zumindest Mitschuld am Geschehen. Sie hätte nicht unverheiratet unterwegs sein dürfen, sie hätte nicht Bus fahren sollen. Der Sohn des indischen Präsidenten warf den demonstrierenden Frauen vor, dass sie sich zu stark schminken würden.

Dieser indische Fall vom Dezember 2012 rückte das Thema Gewalt gegen Frauen auf die ersten Seiten von Medien in aller Welt und auf die Agenda von Spitzenpolitikern bis hin zum UN-Generalsekretär Ban Ki Moon. Innerhalb von 30 Tagen erstellte ein eigens dazu einberufenes Gremium aus Rechtsexpert*innen in Indien einen Report mit Empfehlungen für die Regierung, wie Gewalt gegen Frauen eingedämmt werden könnte und welche »Fehler im System« diese Entwicklung begünstigt hätten. Mehr als 80 000 Anregungen von Bürgerinnen und Bürgern flossen in die Erstellung dieses Reports ein, der das Versagen von Polizei und Regierung als eine der Hauptursachen für die ausufernde Gewalt gegen Frauen aufzeigte. Nicht einmal zwei Wochen später wurde die erste Gesetzesänderung verabschiedet, die die Verfolgung und Ahndung sexualisierter Gewalt in Indien erleichtert und Strafen verschärft. Auch bei uns beherrschte das Thema die Medien.

Genau in dieses Klima globaler und nationaler Aufmerksamkeit gegenüber dem Selbstbestimmungsrecht der Frau, dem Schutz ihrer körperlicher Unversehrtheit und der Bedeutung von Alltagssexismus trafen der Hashtag #aufschrei und der Artikel der *stern*-Journalistin einen Nerv. Unzählige Frauen verbreiteten ihre eigenen Erfahrungen mit Alltagssexismus als Kurznachrichten auf Twitter. Ein sogenannter Hashtag funktioniert wie ein Schlagwort und ermöglicht das Suchen von Tweets, die sich mit einem bestimmten Thema befassen. Der mit dem Hashtag #aufschrei einsetzende Twittertsunami war für Deutschland einmalig und erreichte unglaubliche Dimensionen. In den zwei Wochen nach erster Nennung dieses Schlagwortes am 25. Januar 2013 wurden 58 000 Tweets verschickt.[94] Tausende Frauen berichteten, wann und wie sie Alltagssexismus, aber auch sexualisierte Gewalt selbst erlebt haben. Noch in der gleichen Woche änderten alle großen Talkshows ihr Thema, um über diesen gewaltigen #aufschrei zu berichten.

Am ersten Tag des Aufschreis gab ich n-tv ein Interview und musste seltsame Fragen beantworten, zum Beispiel, wie man als Mann denn erkennen könne, wann man eine Grenze überschreitet.[95] Die Verunsicherung scheint hier sehr groß, denn es ist eine der besonders häufig gestellten Fragen in dieser andauernden Debatte. Meist ist sie mit der Vermutung verknüpft, dass Männer gar nicht erkennen könnten, wann sie Grenzen überschreiten, und es bald kein Flirten mehr auf der Welt gebe. Dabei ist es doch so einfach: Wenn beide Spaß daran haben, dann ist es Flirten. Wenn eine*r keinerlei Interesse hat und umso mehr, wenn zusätzlich ein Machtgefälle im Spiel ist, dann ist es Belästigung. Wenn Männer meinen, sie können das eine nicht vom anderen unterscheiden, dann sagen sie damit gleichzeitig, dass ihnen das Feingefühl fehlt, zu erkennen, ob sich jemand von ihnen belästigt fühlt oder nicht.

Ich glaube nicht, dass Männern dieses Feingefühl fehlt. Ich glaube, dass einige Männer es einfach ausblenden. Für Männer, die an ihrem Urteilsvermögen zweifeln, gibt es einen einfachen Rat: Sie mögen sich vorstellen, die Frau ihnen gegenüber sei ihre Freundin, Ehefrau oder Tochter und der Mann, der sich ihr gerade nähert, sei ein Fremder. Wer auch in diesem Gedankenspiel sein Verhalten in Ordnung findet, macht nichts falsch. Wer dabei ein schlechtes Gefühl hat, hat offenbar das nötige Feingefühl und muss nur noch lernen, es auch für das eigene Verhalten abzurufen. Bielefelder Wissenschaftler*innen wiesen dazu passend nach, dass in fast allen getesteten Fällen Männer und Frauen potenziell belästigende Verhaltensweisen gleich bewerteten. Die Forscher*innen schlussfolgerten daher mit Blick auf die Aufschrei-Debatte:

>>Es ist also keineswegs der Fall, dass es unterschiedliche Meinungen dazu gibt, was belästigendes Verhalten ist und was nicht: Auch Männer haben ein gutes Gespür dafür und wären durchaus in der Lage, sich eine anstößige Bemerkung zu verkneifen. Sexuelle Belästigung kann dementsprechend auch nicht darauf zurückgeführt werden, dass Frauen überempfindlich seien und Männer eigentlich in guter Absicht handelten. Vielmehr stimmen Männer und Frauen weitestgehend überein, wenn es um die (Un-)Angemessenheit bestimmter Verhaltensweisen geht. Männer, die sich trotzdem unangemessen verhalten, tun dies aus Rücksichtslosigkeit oder Feindseligkeit – in jedem Fall aber tun sie es in aller Regel wissentlich.<<

Dennoch wurde in der öffentlichen Debatte alles durcheinandergeworfen, Sex mit Sexismus verwechselt (»Ohne Sexismus gäb's uns alle gar nicht«), Fakten wurden verdreht und Opfer lächerlich gemacht. Im Internet, wo sich

Menschen offenbar viel eher trauen, ungeschminkt und unbeeinflusst von Anstand und Etikette ihre Meinungen kundzutun, sammelten sich unzählige üble Kommentare überall, wo vom »Aufschrei« die Rede war. Das Schlagwort wurde zur Plattform für sexistische Angriffe, deren Töne aus der allertiefsten Schublade einer Debatten(un)kultur stammten und überdeutlich zeigten, wie prävalent Sexismus tatsächlich in unserer Gesellschaft ist.

Häufig wurde Frauen vorgeworfen, sie seien »genauso Sexisten wie Männer«. Ich möchte nicht in Abrede stellen, dass es Frauen gibt, die Männern mit geschlechterbasierten Vorurteilen oder Benachteiligungen begegnen, und selbstverständlich ist auch solches Verhalten kritikwürdig und sollte aufhören. Der Generalverdacht, unter den männliche Kindererzieher oft gestellt werden, ist ein Beispiel dafür. Dennoch ist diese Form der Benachteiligung kein Sexismus, denn Sexismus beschreibt nicht nur eine Benachteiligung aufgrund des Geschlechts und damit verbundener Stereotype, sondern erfasst auch das vorhandene Machtungleichgewicht zwischen den Geschlechtern. Am einfachsten bringt es die Website www.feminismus101.de auf den Punkt: »Sexismus besteht aus Vorurteilen gepaart mit Macht.«[96] Macht bezieht sich hierbei nicht auf einzelne Individuen, sondern auf institutionalisierte, strukturelle Machtverteilung. Das bedeutet, auf unsere Gesellschaft angewendet, eine Privilegierung von Männern durch Machtstrukturen, die Männer begünstigen.

Frauen können also nicht sexistisch gegen Männer agieren, solange wir in einer Gesellschaft patriarchaler Strukturen leben. Bei Alltagssexismus und sexualisierter Gewalt geht es um ein Massenphänomen, nicht um

Einzelfälle. Es sind Frauen, die sich ihre Haustürschlüssel zwischen die Finger klemmen, um auf dem Heimweg im Dunkeln eine kleine Verteidigungswaffe für den Notfall zu haben. Nur für Frauen gibt es Bekleidungstipps, um die Gefahr einer Vergewaltigung zu verringern oder sogar diverse Varianten von Antivergewaltigungsunterwäsche. Der elterliche Stress ist ungleich höher, wenn eine Teenager-Tochter nicht pünktlich von der Disco heimkommt, als bei einem gleichaltrigen Sohn. Frauen trauen sich oft nicht, ihr Getränk in der Bar allein zu lassen, weil sie nicht wissen, ob jemand in ihrer Abwesenheit K.-o.-Tropfen hineinschüttet. Aber selbst dafür gibt es inzwischen einen Teststab. Nur für Frauen sind Trennungen vom Partner ein reales Gewaltrisiko. Männer erschrecken Frauen durch Masturbieren in der Öffentlichkeit – nicht umgekehrt.

Auch ich habe schon zahlreiche Übergriffe unterschiedlichster Art und Intensität erlebt, wurde unerwünscht berührt und mit schmutzigen Kommentaren angesprochen – schon als Mädchen. Ich kenne sehr viele Frauen in meinem unmittelbaren Umfeld, die Opfer von physischer und/oder sexualisierter Gewalt wurden. Ich bin eine dieser Frauen, die nachts nur mit Schlüsseln zwischen den Fingern herumlaufen, und eine der Frauen, die stets mit allem rechnen – weil sie wissen, dass potenziell jeder Mann, egal ob ein Bekannter oder Fremder, ein Angreifer sein kann. Ich bin mit dieser Grundfurcht leider eine ziemlich normale Frau in einer ziemlich kaputten Gesellschaft. Nicht jede dieser Erfahrungen muss jede Frau selbst durchmachen, um sich der massenhaften Vorkommnisse bewusst zu sein. Alles das sind die erkennbaren Spitzen eines Eisbergs, der unsere »Rape Culture« beschreibt und den alltäglichen Sexismus. Der Aufschrei machte seinen ganzen Umfang erstmalig sichtbar.

Dennoch gab es immer wieder die Behauptungen, Frauen belästigten Männer genauso und das ganze Problem würde doch maßlos übertrieben. Auch dazu meldeten sich die Bielefelder Forscher*innen mit Fakten zu Wort:[97]

- »Es handelt sich nicht um Einzelfälle – in einer repräsentativen Befragung durch das BMFSFJ haben 58 Prozent der befragten Frauen angegeben, Situationen sexueller Belästigung selbst erlebt zu haben.
- Frauen sind erheblich häufiger durch sexuelle Belästigung am Arbeitsplatz betroffen als Männer: Jede dritte Frau, aber nur jeder zehnte Mann machen damit Erfahrung, dabei sind bei betroffenen Frauen 75 Prozent der Belästiger Männer, bei betroffenen Männern sind 50 Prozent der Belästiger Männer und weitere 25 Prozent gemischte Gruppen, das heißt nur 25 Prozent der Männer wurden tatsächlich nur von Frauen belästigt. Damit wird fast jede fünfte Frau am Arbeitsplatz von einem Mann belästigt, aber nicht einmal jeder 40. Mann von einer Frau.
- Übergriffe finden häufig in einem Machtgefälle statt und haben nicht oder nicht ausschließlich mit sexueller Motivation zu tun.«

Die Wissenschaftler*innen schlossen aus ihren Forschungsergebnissen:

»Männer, die Frauen gegenüber feindselig eingestellt sind, nutzen scheinbar sexuell motivierte Bemerkungen, um Frauen zu demütigen (...) Gerade in hierarchischen Kontexten und meist immer noch männerdominierten Arbeitsfeldern schwingt in der Regel auch die Botschaft mit: ›Ich kann es mir erlauben, dich so zu behandeln und du kannst nichts dagegen tun.‹«

Die Frage der Macht wurde leider in der Aufschrei-Debatte viel zu selten gestellt. Aber natürlich geht es um die Demonstration von Macht. Wissenschaftliche Untersuchungen sexueller Belästigung in Chatrooms wiesen nach, dass Frauen mit egalitären Ansichten häufiger mit sexistischen Witzen und Pornobildchen belästigt wurden als Frauen mit traditionelleren Einstellungen. Die Forscher*innen schlossen daraus, dass Männer sexuelle Belästigung als Werkzeug nutzen, um Frauen zu bestrafen, die nicht rollenkonform auftreten.

Sie wiesen auch nach, dass es einen Zusammenhang gibt zwischen frauenfeindlicher Grundeinstellung, sexueller Belästigung mit Bezug auf Frauen als Gruppe und der Akzeptanz von Mythen, die eine Täter-Opfer-Umkehr erlauben und Frauen eine Verantwortung an Übergriffen zuschreiben. Je mehr ein grundsätzlich frauenfeindlich eingestellter Mann sich Mythen wie »Frauen übertreiben oder erfinden sexuelle Übergriffe zu ihrem eigenen Vorteil« zu eigen machte, desto mehr verhielt er sich übergriffig gegenüber Frauen.[98]

Immer wieder hieß es in der Debatte auch, Frauen sollten sich einfach besser wehren. Dabei ist es hanebüchen, beim Kampf wider Sexismus und Gewalt gegen Frauen den Fokus auf die Frauen zu legen, denn die Verantwortung für einen Übergriff trägt immer und ausschließlich der Übergriffige. Es kann nicht Ziel unserer Gesellschaft sein, alle Frauen in Karate zu schulen, damit sie sich im Angriffsfall effektiver verteidigen können. Wir müssen stattdessen Tätern beibringen, dass ein Übergriff nicht nur ein Verstoß gegen die guten Sitten ist, sondern unser Zusammenleben empfindlich stört, dass er aber vor allem Frauen in ihrem Recht auf Bewegungsfreiheit und freie Meinungsäußerung einschränkt. Wir nehmen Tag für Tag hin, dass diese Rechte verletzt werden, und tolerieren viel zu oft, dass Frauen die Verantwortung für ihren Schutz aufgebürdet bekommen.

Nicht einmal rechtlich sind Frauen in Deutschland hinreichend geschützt, denn anders als in anderen Ländern gilt bei uns nicht »nein heißt nein«, da bei uns für den Tatbestand einer sexuellen Nötigung oder Vergewaltigung das eindeutige Ablehnen des Sexualaktes durch die Frau nicht ausreichend ist. Immer wieder müssen Täter freigesprochen werden, weil Frauen nach dem Gesetz gleichzeitig körperliche Gewalt erleben oder konkret damit bedroht worden sein müssen. Damit steht unsere Rechtsprechung im klaren Widerspruch zur Istanbul-Konvention des Europarats (2011), deren Artikel 36 festschreibt, dass die Vertragsstaaten sicherstellen, dass:

»... vorsätzliches nicht einverständliches sexuell bestimmtes vaginales, anales oder orales Eindringen in den Körper einer anderen Person mit einem Körperteil oder Gegenstand sowie sonstige vorsätzliche nicht einverständliche sexuell bestimmte Handlungen mit einer anderen Person unter Strafe gestellt werden«.

Dazu erklärt Artikel 36 Ziff. 2:

> »Das Einverständnis muss freiwillig als Ergebnis des freien Willens der Person, der im Zusammenhang der jeweiligen Begleitumstände beurteilt wird, erteilt werden.«

Dieses Übereinkommen des Europarats zur Verhütung und Bekämpfung von Gewalt gegen Frauen und häusliche Gewalt vom 05.11.2011 hat auch Deutschland unterschrieben. Die Behauptung, Frauen könnten sich sowohl bei sexualisierter Gewalt als auch bei sexueller Belästigung ja einfach wehren, wird durch das deutsche Recht reflektiert. Die Bielefelder Forscher*innen haben sich auch mit dieser Frage auseinandergesetzt und zitieren Untersuchungen, die den Unterschied zwischen Theorie und Praxis bei der Verteidigung gegen sexistische Übergriffe aufzeigten. Im ersten Teil dieser Untersuchung wurden Studentinnen nach ihrem voraussichtlichen Verhalten gefragt, wenn sie in einem Chat belästigt werden. Zwei Drittel erklärten darin, sie würden den Chat sofort abbrechen und sich beschweren. Im zweiten Teil dieser Untersuchung wurden Studentinnen tatsächlich in vergleichbare Situationen gebracht – nur eine einzige von fast 80 Teilnehmerinnen brach den Chat ab und beschwerte sich, alle anderen ertrugen die Belästigungen bis zum Schluss.[99] Es ist leicht zu fordern, Frauen sollten sich zur Wehr setzen, aber gerade die Natur dieser Übergriffe lähmt oft die Betroffenen, sie fühlen sich ohnmächtig und ratlos und sehen sich außer Stande, einen offenen Konflikt zu suchen.

Ich erinnere mich an eine dem Brüderle-Fall ähnliche Situation, wo ich nach einer IT-Konferenz mit verschiedenen Kunden beim abendlichen Empfang Small Talk betrieb. An jenem Abend unterhielt ich mich mit einem CIO eines Bundeslandes, der mir früher schon von Frau und Kindern erzählt, sogar Fotos gezeigt hatte. Bei diesem Empfang nun wurde er nach ein paar Gläsern Wein anzüglich, sah mich mit schlüpfrigen Blicken an und wurde schließlich expliziter. Dieser Mann war ein wichtiger Kunde meines Arbeitgebers, ihn zu verprellen, schien mir keine gute Idee. Ich entschied mich für die Defensive, schob Müdigkeit vor und verabschiedete mich. Aber er verfolgte mich bis zur Hoteltür, die ich ihm vor der Nase zuschlug, er donnerte an die Tür, rief meinen Namen und bat um Einlass. Es dauerte lange, bis er aufgab.

Am kommenden Morgen bat er um Entschuldigung für sein Verhalten und um Stillschweigen. Ich guckte auf den Boden und behielt die Geschichte für mich. Aber unsere professionelle Beziehung war dahin. In fast 17 Arbeitsjahren in vier unterschiedlichen Unternehmen habe ich mehrere solcher und ähnlicher Geschichten erlebt, in denen ein Chef oder Kunde oder Geschäftspartner sich mir gegenüber nicht korrekt verhielt. In den meisten Fällen handelte ich wie die Frauen in den soziologischen Experimenten. Ich versuchte, den Schaden für mich zu minimieren, indem ich möglichst wenig Aufruhr verursachte, und gleichzeitig mein eigenes Verhalten so anzupassen, dass die Übergriffsgefahr minimiert wurde. Ich achtete also darauf, was ich tat, mit wem ich allein war in einem Büro, wo ich mich hinsetzte und wo auf keinen Fall, ob ich noch zu einem geselligen Miteinander mitging oder nicht. Meine Freiheit wurde dadurch eingeschränkt, nicht die der Übergriffigen.

Was wäre passiert, wenn ich jeden dieser Fälle an die große Glocke gehängt hätte? Auch das wurde wissenschaftlich untersucht mit der Erkenntnis, dass

> »eine direkte Konfrontation oder Beschwerde über den Täter oft negative soziale Konsequenzen für die betroffene Frau nach sich zieht. Frauen, die sich aktiv beschweren, werden negativ bewertet, sind unbeliebt und werden als Querulantinnen angesehen, sodass die Zurückhaltung der Frauen in realen Belästigungssituationen durchaus nachvollziehbar ist.«[100]

Wenn sich eine Frau also überwindet und beschwert, zieht sie auch dann den Kürzeren. Umso unverfrorener ist es, Frauen zu raten, sie bräuchten sich doch nur zu wehren, dann würde alles gut. Nichts wird gut, solange es solche Übergriffe gibt. Es darf keine Anlässe mehr geben, in denen sich Frauen wehren müssen und in denen sie entscheiden müssen, welche Art von Nachteil sie lieber in Kauf nehmen: die Nachteile, wenn sie sich wehren, oder die, wenn sie sich nicht wehren. Um Nachteile zu erleiden, reicht oft schon der Ruf als Frau, die sich mit Genderthemen und Gleichstellungsfragen beschäftigt oder die ganz einfach eine egalitäre und progressive Vorstellung von Rollenverteilungen hat.

In einem Beratungsunternehmen, in dem ich vor allem IT-Strategieprojekte leitete, hatte ich einen Chef, dessen Ruf als Macho in der Firma weitverbreitet war. Seine Witze unter der Gürtellinie waren bekannt, seine Einstellung zu Frauen auch. Einmal waren wir zu einem Teamdinner in ein Restaurant gegangen, wo unser Chef versuchen wollte, zwei blonde Schwedinnen, die ein paar Tische weiter zu Abend aßen, dazu zu bringen, zu uns zu kommen, ihr Shirt auszuziehen, ihre Brüste zu zeigen und einen unserer Teamkollegen, der Liebeskummer hatte, in sein Hotelzimmer zu begleiten. Es wurde darüber viel gelacht an unserem Tisch. Es war aber kein bisschen lustig. Weder für den Kollegen, um den es ging, noch für mich als einzige Frau im Team, die ich nicht wusste, in welches Mauseloch ich kriechen sollte. Es war mein erstes Projekt in diesem Unternehmen, und ich stellte fest, dass ich offensichtlich für einen Vorgesetzten arbeiten musste, für den fremde Frauen reine Sexobjekte waren, die aus Brüsten und langen blonden Haaren bestanden und von denen er sprach, als könne er sie wie Waren im Supermarkt shoppen. Ich hätte aufstehen sollen und gehen, aber dann wäre ich die verklemmte Spaßbremse gewesen. Ich schwieg wie so viele andere Frauen auch, weil ich keinen Ärger wollte. Ich war noch in der Probezeit.

Eben jener Chef sprach sich später mehrfach gegen meine überfällige Beförderung aus. Er meinte, ich wolle zu viel auf einmal, käme verkrampft und zu ehrgeizig rüber. Er gab mir den Rat, doch mal ein Jahr lang das Wort »Frau« nicht in den Mund zu nehmen, und war sich sicher: »Dann klappt's auch mit der Beförderung.« Der Hintergrund: Ich hatte mich ein Jahr lang sehr für eine Pro-Bono-Studie zum Thema Frauen in Führungspositionen in Europa[101] engagiert und war als National Representative zuständige Ansprechpartnerin für die Organisation des Global Summit of Women, der 2007 in Berlin stattfand. Das Wort Frau kam daher häufiger in meinem Wortschatz vor. Erstaunlich, dass mein damaliger Chef die Chuzpe hatte, mir das als Karrierehemmnis direkt ins Gesicht zu sagen.

Diese Geschichten stehen für Tausende ähnlicher Geschichten, die Frauen in Deutschland und anderswo erleben und für die dennoch nicht die Frauen die Verantwortung tragen, sondern derjenige, der sich sexistisch verhält. Wie bei Mobbing gilt allerdings auch bei solchen Vorkommnissen, dass es nicht nur Angreifer und Angegriffene gibt, sondern auch Zuschauer, die entweder aktiv oder passiv das Geschehen dadurch unterstützen, dass sie nicht Einspruch erheben. Ohne die massenhafte Billigung von Alltagssexismus am Arbeitsplatz und in allen anderen Lebensbereichen wäre er längst ausgestorben.

Frauenhass – der Humus für Gewalt

In den USA wurden 2012 etwa tausend Frauen von ihren (Ex-)Ehemännern oder (Ex-)Freunden ermordet, fast drei jeden Tag. In 33 Monaten sind das so viele wie alle Opfer von 9/11 zusammen. Mehr als jedes dritte weibliche Mordopfer wurde von einem (Ex-)Partner umgebracht, dieser Anteil ist zwölfmal so hoch wie bei männlichen Opfern.[102] Dieses Verhältnis ist ein globales Phänomen. Nach einer Studie der Weltgesundheitsorganisation wurden 38 Prozent aller weltweit ermordeten Frauen von ihrem Ex-Partner umgebracht.[103]

Nach Schätzungen von Amnesty International wird etwa eine Milliarde Frauen Opfer körperlicher und/oder sexualisierter Gewalt in ihrem Leben – jede dritte Frau. In der EU haben nach der bisher größten erhobenen Studie zu Gewalt gegen Frauen etwa 62 Millionen Frauen körperliche und/oder sexualisierte Gewalt erlebt. Fünf Prozent der Europäerinnen – das entspricht neun

Millionen Frauen – gaben an, eine Vergewaltigung erlitten zu haben. Mehr als jede zehnte Europäerin gab an, als Kind Opfer sexualisierter Gewalt geworden zu sein. Fast alle Täter (97 Prozent) waren dabei männlich.[104]

Eine Studie des Bundesfamilienministeriums, für die 10 000 Frauen befragt wurden, ergab, dass in Deutschland 40 Prozent der Frauen Opfer sexualisierter und/oder körperlicher Gewalt waren – das entspricht 16 Millionen Frauen allein in unserem Land.[105] Diese pandemisch vorkommende Gewalt gegen Frauen ist eine permanente und schwerwiegende Menschenrechtsverletzung, gegen die offenbar immer noch nicht genug unternommen wird. Häusliche Gewalt ist für Frauen dabei die häufigste Ursache von Gewaltverletzungen. In der Studie des BMFSFJ liest sich das so: »Die Untersuchung bestätigt insgesamt, dass Gewalt gegen Frauen überwiegend häusliche Gewalt durch männliche Beziehungspartner ist.«[106] Jede vierte Frau hat Gewalt durch ihren (Ex-)Partner erlitten, von den Tätern waren 99 Prozent männlich.[107]

Die Studie des Bundesfrauenministeriums nennt als besonderen Risikofaktor für häusliche Gewalt eine Trennungsabsicht der Frau aus einer Partnerschaft. Im Klartext heißt das:

> »Trennung und Scheidung in einer Paarbeziehung scheinen mit einem hohen Risiko für Frauen einherzugehen, Opfer von (sich verstärkender) Gewalt in Paarbeziehungen zu werden.«

Konkrete Beispiele finden sich regelmäßig in jeder beliebigen Regionalzeitung. Was sind das für Beziehungen, wenn die Trennung zu einem Risiko wird, das Leib und

Leben der Frau gefährdet? Die eigene Wohnung ist dabei für die Frauen der gefährlichste Ort. Bei etwa 70 Prozent aller von physischer oder sexualisierter Gewalt betroffenen Frauen war ihre Wohnung der Tatort.[108]

Wer die Gewalt überlebt, leidet an einer ganzen Reihe von Gewaltfolgen. Die WHO-Liste dazu umfasst Fehl- und Frühgeburten, Schwangerschaftskomplikationen, Körperverletzungen, Depressionen und sonstige psychische Erkrankungen, Selbstmord, höhere Infektionsraten für AIDS und Geschlechtskrankheiten sowie Alkoholmissbrauch mit den jeweilig folgenden gesundheitlichen Risiken. Alle diese Folgen sind mit Studien belegt.

Entgegen weitverbreiteter Vorurteile gibt es übrigens keinen nennenswerten Zusammenhang mit dem Bildungsstand oder der sozialen Schicht der Täter, misshandelt wird über alle Schichten und Einkommensklassen hinweg.

Überall auf der Welt sterben Frauen, nur weil sie Frauen sind. Aber in den Medien steht trotzdem »Familiendrama« oder »Amoklauf eines psychisch Kranken«. So wurde Frauenhass kaum als Grund des Amoklaufs an der Realschule in Winnenden thematisiert, obwohl 21 der 22 durch seine Schüsse verletzten oder getöteten Opfer weiblich waren[109] und obwohl sein Computer voller Bilder war, auf denen Frauen Männer fesselten und quälten.[110] Ein paar Jahre vor Winnenden wurden 1989 beim Amoklauf an einer Universität im kanadischen Montreal 14 Frauen getötet, weil ihr Mörder Feministinnen für sein misslungenes Leben verantwortlich machte.[111] Ein paar Jahre nach Winnenden mordete im Mai 2014 Amokläufer Roger Elliot sechs Menschen und verletzte weitere 13, darunter auch etliche Männer, die ihm im Weg standen. An seinem Motiv Frauenhass lassen sein

»Manifesto« und ein vor den Morden hochgeladenes YouTube-Video keinen Zweifel. Er kündigt dort einen »War on Women«, einen Krieg gegen Frauen an.[112]

Warum wird so selten thematisiert, dass Amokläufer fast immer junge (weiße) Männer sind und dass immer wieder Frauen, nur weil sie Frauen sind, zu ihren Opfern zählen?

Wo bleiben internationale Sanktionen gegenüber Ländern, in denen massenhaft Frauen ermordet werden, nur weil sie Frauen sind? Wie würden wir reagieren, wenn Millionen Menschen aus anderen Gründen ermordet würden, etwa weil sie eine bestimmte Hautfarbe haben oder die »falsche« Religion ausüben? Haben wir uns so an Frauenhass gewöhnt, dass selbst Massenmord nicht zum drängenden Thema wird? Der United Nations Population Fund schätzte 2005, dass über 160 Millionen Frauen allein in Asien »fehlen«, weil sie ihres Geschlechtes wegen gar nicht erst zur Welt kamen.[113] Die Zahl leitete sich ab von der weltweit üblichen Geschlechterverteilung bei Geburt und der in Asien in den letzten Jahren tatsächlich festgestellten abnormen Geschlechterverteilung zugunsten von Jungen. Die vorgeburtliche Geschlechtsidentifizierung wird zum Todesurteil für weibliche Föten. In manchen Ländern werden weibliche Neugeborene nach der Geburt getötet oder kleine Mädchen vernachlässigt, bis sie sterben.

Seit es Kriege gibt, werden überall auf der Welt Zivilistinnen Zielscheibe von Gewalt. Massenvergewaltigungen werden als Mittel psychologischer Kriegsführung eingesetzt, um die Gegenseite zu demütigen oder den Eroberern einen »Bonus« einzuräumen. In Ruanda wurde in der Zeit des Genozids eine halbe Million Frauen vergewaltigt, im letzten Balkankrieg in Kroatien und Bosnien-

Herzegowina 60 000 Frauen. Erst seit einem Rechtsspruch des Internationalen Gerichtshofes in Den Haag 2001 gilt Massenvergewaltigung im Krieg als Verbrechen gegen die Menschlichkeit. Noch später, 2008, hat der UN-Sicherheitsrat Resolution 1820 verabschiedet, nach der »Vergewaltigung und andere Formen sexualisierter Gewalt als Kriegsverbrechen, Verbrechen gegen die Menschlichkeit oder als Beitrag zu einem Genozid gewertet werden können«.[114]

Seit Jahrtausenden gelten Frauen als Besitz, den man erobern, benutzen oder vernichten kann wie die Häuser, das Vieh und sonstiges Eigentum des (männlichen) Feindes. Und nein, das ist heute nicht anders als früher, wie die oben genannten Beispiele zeigen. Lebensrisiko Frau – eine klarere Feststellung fehlender Geschlechtergerechtigkeit kann es wohl kaum geben.

Stellen wir uns einfach vor, die monströsen Summen, die die Überwachung von Internet und Kommunikation kosten, weil Regierungen uns alle für potenzielle Terrorist*innen halten, würden in die Bekämpfung von Frauenhass und Gewalt gegen Frauen gesteckt. Wie viele Menschenleben könnte man damit retten?

II.

Und wer ist schuld?

Die gesellschaftliche Debatte zur Frage der Geschlechtergerechtigkeit tritt seit Jahrzehnten auf der Stelle. Sie scheint von zwei Diskurslinien geprägt zu sein. Die Erste: Das Problem ist historisch, heute jedoch schon ganz oder weitgehend überwunden. Verbleibende Ungleichheiten wachsen sich mit der Zeit von alleine aus. Ein Weiterführen der Debatte sei nicht angemessen und führe zu einer Benachteiligung von Männern. Die zweite Diskurslinie geht zwar von einem nach wie vor bestehenden Problem der Geschlechterungerechtigkeit aus, konzentriert sich aber auf die Schuldfrage und schiebt die Handlungspflicht immer jeweils anderen zu. Das führt leider nicht zu einer Verbesserung, sondern lediglich zu einer Verhärtung von Positionen. Es werden Frontlinien gezogen, härtere Bandagen angelegt und dann munter aufeinander eingeschlagen – von allen Seiten. Ja, es gibt auch differenzierte Debatten, leider sehe ich die aber (noch) in der Minderheit.

Einige der besonders häufig zitierten »Hauptursachen« für Geschlechterungerechtigkeit möchte ich nachfolgend beschreiben und bewerten. Es wird dadurch hoffentlich deutlich, dass es den/die/das »Haupt-Schuldige« gar nicht gibt, sondern dass wir es mit einem komplexen Problemfeld zu tun haben, an dem praktisch alle gesellschaftlichen Akteure beteiligt sind und dessen Lösung wir auch nur gemeinsam und mit einem sehr differenzierten, vielfältigen Ansatz bewältigen können.

Das Verständnis all dieser Zusammenhänge ist wichtig, wenn wir in der Debatte über das Lamentieren hinauskommen wollen. Erst wenn wir ein Problem in all seinen Schattierungen und Ursachen verstanden haben, werden wir es effektiv bekämpfen können – auf jeder Ebene, auf der es entsteht. Dazu braucht es eine ehrliche Debatte, die von falschen Behauptungen befreit ist und sich an Fakten und Realitäten orientiert. Und wir brauchen eine Debatte, die auf die Kernfragen fokussiert ist und nicht in alle möglichen anderen Richtungen abdriftet. Sie muss aber auch in verschiedene Richtungen geöffnet werden, um neben der dominierenden Heteronormativität und Zweigeschlechtlichkeit auch andere Perspektiven sexueller Orientierung oder Geschlechtlichkeit einzuschließen. Die Welt besteht in der Realität nicht nur aus den Schubladen Mann und Frau. Jeder Mensch hat etwas von beidem, in höchst unterschiedlicher Verteilung, die nicht einmal für einen Menschen im Laufe seines oder ihres Lebens konstant sein muss. Homophobie und die Auswirkungen von Mehrfachdiskriminierung sollten ebenfalls Teil der Debatte sein. All diese Aspekte eint der Bezug zur Machtfrage und zu Freiheitsrechten sowie deren Verbindung mit der Sexualität bzw. Geschlechtlichkeit von Menschen.

Gilt immer: Frauen sind selbst schuld!

Der Weg ist bereitet, vor dem Gesetz sind Frauen und Männer gleich – jetzt müssen die Frauen diesen Weg nur noch gehen, heißt es. Wenn sie es nicht tun, sei das ihr Problem, man könne sie schließlich nicht zwingen. Erklärungen für die noch nicht realisierte Gleichberechtigung fallen dann meist in die Kategorien »Sie wollen nicht«, »Sie können nicht« oder »Sie treffen falsche Entscheidungen«.

Frauen seien zu wenig ehrgeizig, hätten kein Interesse an Wettbewerb – ohne den es nun mal nicht gehe –, seien risikoscheu, würden die falschen Berufe ergreifen oder in falschen Jobs oder Branchen arbeiten. Bei Gehaltsverhandlungen würden sie entweder gar nicht oder schlecht verhandeln – kein Wunder, wenn sie weniger verdienen! Sie seien zu unauffällig, zu wenig selbstbewusst, zu wenig führungsstark. Frauen seien nun mal Muttertiere und hätten andere Prioritäten. Spätestens wenn die Kinder kämen, wollten sie doch wieder runter von der Karriereleiter.

Machen wir den Realitätscheck.

Realitätscheck: Scheuen Frauen Risiko und Wettbewerb?

Wissenschaftler der University of California untersuchten den geschlechtsspezifischen Wettbewerbsgeist anhand von Teilnehmern des Meilenlaufs in Santa Barbara. Für die Anmeldung in der Spitzengruppe gab es eine Mindestbestzeitempfehlung an Teilnehmende. Während

Frauen sich nur für diese Eliteklasse anmeldeten, wenn sie die Voraussetzung erfüllten, liefen viele angemeldete Männer langsamer als die empfohlene Mindestzeit. Die Analyse ergab, dass am häufigsten junge Männer in einer Gruppe liefen, für die sie nicht qualifiziert waren. Frauen registrierten sich nur dann für eine hohe Leistungsklasse, wenn sie realistische Chancen hatten, dort auch zu gewinnen. Die Forscher übertrugen dieses Phänomen auf die Wirtschaftswelt und argumentierten wie folgt:

>>Das ist in etwa so, als würden alle Frauen, die eine Chance haben, die Karriereleiter bis zur Firmenchefin zu erklimmen, in das Rennen gehen, gemeinsam mit den meisten dafür qualifizierten Männern und einer Menge Männer, deren Beförderung unwahrscheinlich ist. Der Fakt, dass weniger Frauen die Wahl treffen, sich an diesem Rennen zu beteiligen, ist nicht unbedingt das, was Frauen fern von den Chefsesseln hält. Wenn es darauf ankommt, sind Frauen genauso wettbewerbsorientiert wie Männer.<< [115]

Für eine andere Studie wurden über tausend Frauen der mittleren Managementebenen unterschiedlicher Großunternehmen gefragt, ob sie einen weiteren Aufstieg für sich erstrebten. Mehr als 80 Prozent dieser Frauen haben das bejaht.[116] Das hört sich nicht danach an, dass Frauen prinzipiell kaum Lust auf Karriere haben. Eine spätere Studie von 2013 bestätigte: Von über 800 befragten männlichen und weiblichen Managern der mittleren und oberen Führungsebene strebten 81 Prozent der Männer und 79 Prozent der Frauen eine Position auf der obersten Führungsebene an. Große Unterschiede sind das nicht, was die Bereitschaft zu einer ambitionierten Karriere betrifft.[117]

Wie ich aus Gesprächen weiß, sind Frauen aber weniger bereit als ihre männliche Kollegen, ganz auf Freizeit und Familienaktivitäten zu verzichten. Aber müssen Führungsrollen so beschaffen sein? Ich zweifle das an. Selbst bei McKinsey habe ich festgestellt, dass in anderen Ländern deutlich kürzer gearbeitet wurde als in Deutschland.

Auch der auf den ersten Blick plausible Gedanke, Führung und Teilzeit seien unvereinbar, wirkt auf den zweiten Blick albern, wenn man bedenkt, dass ein typischer Topmanager in Deutschland heute parallel jede Menge weiterer Pöstchen bekleidet. Warum zückt dieses Argument niemand, wenn es um Dax-Vorstände geht, die nebenbei ein paar Aufsichtsräte, Beiratsvorsitze oder Verbandspräsidien in Teilzeit bewältigen? Bei Männern sind solche Mehrfachspitzenjobs gesellschaftlich akzeptiert, von Überforderung wird selten geredet. Dabei wäre das manchmal durchaus angebracht, wenn wir an das Totalversagen etwa des Aufsichtsrats für den neuen BER-Flughafen denken, in dem ein Ministerpräsident und ein Berliner Oberbürgermeister ihrem x-ten Nebenjob offenbar nicht mehr gewachsen waren. Leider scheint Teilzeit immer nur dann unmöglich zu sein, wenn man Mütter aus verantwortungsvollen Positionen heraushalten möchte.

Abgesehen davon wies eine Studie noch etwas anderes nach: Doppelt so wichtig wie der Einfluss individueller Faktoren (Wettbewerbsbereitschaft, Ehrgeiz, Opferbereitschaft für den Beruf) ist eine auch für sogenannte weibliche Führungsstile offene Firmenkultur.[118]

FAZIT · Pauschal ist die These vom mangelnden Wettbewerbs-geist nicht haltbar, darüber hinaus wird der Einfluss der indivi-duellen Faktoren überschätzt. Wo Frauen tatsächlich weniger Lust auf Karriere haben, lohnt sich der Blick auf die Gründe. Frauen fehlt offenbar nicht die Lust an Verantwortung und Füh-rung, sondern an den damit verbundenen »Nebenwirkungen«. Diese Rahmenbedingungen sind aber keine unveränderlichen Naturgesetze. Auch Männer würden von menschenfreundliche-ren Arbeitsbedingungen profitieren.

Realitätscheck: Falscher Job? Falsche Branche?

»Kunsthistoriker werden nun mal nicht Vorstand«, heißt es oft. Wenn Frauen Karriere machen wollen, dürfen sie eben nicht Sozialwissenschaften oder Philosophie stu-dieren, sondern was »Richtiges«, nämlich ein MINT-Fach: Mathematik, Informatik, Naturwissenschaften und Tech-nik. Das klingt bestechend logisch. Ist es das auch?

Schauen wir einfach auf die nackten Fakten: Etwa 60 Prozent aller Vorstände und Aufsichtsräte (Eigentü-merseite) von Dax-30-Unternehmen haben Wirtschafts-oder Juraabschlüsse, beides Studienfächer mit schon lange hohem Frauenanteil. Dennoch lag der Frauenanteil im Untersuchungszeitraum 2010 in Vorständen nur bei zwei Prozent und in Aufsichtsräten (Eigentümerseite) bei sieben Prozent. An den mangelnden MINT-Abschlüssen hat es also nicht gelegen.[119]

Dennoch studieren mehr Männer als Frauen die so-genannten MINT-Fächer. Auch hier wird gern argumen-tiert, dass Mädchen sich nun mal mehr für andere Sa-chen interessieren. Klar, zwingen kann man sie nicht zu MINT, aber man könnte dafür sorgen, dass Mädchen nicht schon vom Kindergarten an suggeriert bekommen, dass alles, was mit Technik zu tun hat, nichts für sie sei. Oder man könnte ihre Kompetenzen ernst nehmen, wenn sie in diesen Berufen arbeiten. Der Sexismus in der IT-Branche ist vielfach belegt, selbst der Zugang zu Risikokapital ist für weibliche Gründer schwierig. Neuester Beweis: Forscher der renommierten Universitäten Harvard, Wharton und vom MIT spielten Investoren inhaltlich identische Videos einer Start-up-Businessplan-Präsentation vor, einmal von einer Frau gesprochen und einmal von einem Mann. Die völlig identische Idee fanden diese Investoren aber doppelt so gut, wenn eine männliche Stimme sie präsentierte.[120] Alles ganz geschlechtsneutral und objektiv? Ein schönes Märchen!

Übrigens trägt auch die Berufsberatung eine Verantwortung für die starke Segregation der Berufswahl nach Geschlecht. Vor wenigen Jahren habe ich einmal einen Workshop für Berufsberater*innen gegeben, mit dem Ziel, mehr Mädchen für MINT-Berufe zu begeistern. Die Berliner Berater*innen berichteten, dass sie nie auf die Idee gekommen waren, Mädchen einen technischen Beruf auch nur vorzuschlagen, nicht mal dann, wenn das Mädchen im Lebenslauf unter Hobby »mein Computer« geschrieben hatte. Sie konnten sich nicht vorstellen, dass auch Frauen dafür geeignet sein könnten, und hatten selbst kaum eine Vorstellung, was für vielfältige Jobs es mit IT-Bezug gibt. Wenn dieser Typ Berater*in überall in Deutschland junge Mädchen bei der Berufswahl begleitet, dann verwundert es nicht, dass sie am Ende wieder nur einen der klassischen Mädchenberufe ergreifen und entweder Friseurin, Arzthelferin, Sekretärin oder Verkäuferin werden.

Arbeitsagenturen haben offenbar häufiger ein Problem damit, IT mit Frauen zu assoziieren: Im Jahr 2011 hat die gemeinnützige GmbH Kopf Hand und Fuß in Berlin eine zwölfmonatige Weiterbildung zur App-Entwicklerin ausgearbeitet, die sich an arbeitslose Akademikerinnen richtete. Dafür beantragte sie eine Förderung mit Bildungsgutschein der Bundesagentur für Arbeit. Bewerberinnen gab es genug, ebenso die Bereitschaft von Unternehmen, Absolventinnen dieser Ausbildung einzustellen. Doch trotz astronomischer Wachstumszahlen in einem globalen Markt blieben etliche Berliner Arbeitsagenturen überzeugt davon, dass die Weiterbildung aufgrund unsicherer Marktnachfrage nicht sinnvoll ist, und genehmigten den Bildungsgutschein nicht. Einigen der Frauen mit Hochschulabschluss (!) bot man stattdessen eine Umschulung zur Reinigungskraft an. Frauen und IT? Das passt doch nicht, Putzjobs sind für Frauen offenbar besser und krisensicher sind sie auch. Der Mangel an IT-Fachleuten ist übrigens in Berlin und Brandenburg besonders hoch. Aber wer soll dann putzen, wenn die Frauen anfangen zu programmieren?

Häufig hört man auch, dass Frauen im Management bestimmter Branchen nur deshalb marginal vorkämen, weil sie dort auch nur einen marginalen Anteil an der Belegschaft hätten. Das ist ein interessantes Argument. Es leuchtet ein, den Anteil an Führungspositionen mit dem verfügbaren Pool, also der gesamten Belegschaft, zu vergleichen. Allerdings ist eine solche Untersuchung im umgekehrten Anwendungsfall (hoher Frauenanteil in der Belegschaft) ernüchternd. Die offensichtliche Regel ist seltsamerweise: Je höher der Frauenanteil in einer Branche, desto geringer ist die Wahrscheinlichkeit für eine dort arbeitende Frau, in das Management vorzustoßen. Beispiele gefällig? Im Gesundheits- und Sozialwesen arbeiten 80 Prozent Frauen, im Management beträgt ihr Anteil aber trotzdem nur 33 Prozent. Ein Mann hat dort eine achtmal höhere Chance, eine Führungsposition zu haben als eine Frau. In der Energie-, Wasser- und Entsorgungsbranche ist der Frauenanteil an der Belegschaft viel kleiner, er liegt nur bei 20 Prozent. Ihr Anteil an Führungspositionen ist auch kleiner – aber er liegt viel dichter an dem Gesamtanteil von Frauen – bei 15 Prozent. Dort ist die Chance eines Mannes nur 1,4-mal so groß wie die einer Frau, eine Führungsposition zu bekleiden.[121]

Ich habe dieses Verhältnis für sechs Branchen untersucht. Sortiert man sie nach dem Anteil von Frauen an der Belegschaft und dann separat danach, wie viel höher die Wahrscheinlichkeit eines in dieser Branche beschäftigten Mannes ist, im Vergleich zu einer Frau in einer Führungsposition zu arbeiten, dann erhält man zweimal ein komplett identisches Branchenranking. Einfach erklärt bedeuten diese Zahlen: Je höher der Frauenanteil in einer Branche, desto größer sind die Chancen für Männer (!), in dieser Branche Karriere zu machen. Diese eindeutigen Fakten sollten sich diejenigen mal zu Gemüte führen, die Frauen vorwerfen, sie würden in bestimmten Branchen nicht genug Mitarbeiterpotenzial bilden. Ich bin gespannt auf die Erklärungen!

FAZIT · Das Argument mit der falschen Ausbildung oder Branche zieht nicht!

Realitätscheck: Gehaltsunterschied?
Einfach besser verhandeln!

Tatsächlich haben geschlechtsspezifische Gehaltsunterschiede oft eine Ursache im Einstellungsgehalt, was Frauen gleich auf mehrfache Weise benachteiligt. Ihr Dilemma: Wie sie es machen, machen sie es verkehrt.

So wird Frauen häufiger weniger Gehalt geboten, weil man sie für billiger auf dem Arbeitsmarkt hält oder weil man antizipiert, dass sie sich mit weniger Gehalt zufrieden geben. Frauen wissen das aber oft nicht, denn Gehälter sind nicht transparent. Gehaltsverhandlungen spielen daher eine wichtige Rolle. Personaler*innen bieten innerhalb der möglichen Gehaltsbandbreite tendenziell ein unteres Gehalt an, um Raum für Verhandlungen zu lassen. Leider verhandeln Frauen dann aber tatsächlich nennenswert seltener als Männer. Nach Untersuchungen an der Carnegie Mellon University in den USA haben deren männliche Master-Absolventen achtmal so häufig wie die weiblichen versucht, ihr Einstiegsgehalt höher zu verhandeln (57 Prozent Männer, sieben Prozent Frauen).[122]

Verhandelte Gehälter liegen häufig über dem ersten Angebot. Akzeptieren Frauen schon das erste Angebot, ist der Grundstein gelegt für ein lebenslang geringeres Gehalt, denn auch alle künftigen prozentualen Gehaltserhöhungen wirken sich geringer aus. Die Krux: Erstens werden bei Gehaltsverhandlungen komischerweise Forderungen von Frauen seltener akzeptiert. Und zweitens kriegt frau im ungünstigsten Fall den Job nicht mehr, denn verhandelnde Frauen werden weniger gern eingestellt. Die Wahrscheinlichkeit, dass man eine Frau nicht mehr einstellen möchte, weil sie ihr Gehalt nach oben verhandeln wollte, ist mehr als fünfmal so hoch wie bei einem Mann. Man findet sie unsympathischer und wünscht sie sich seltener als Arbeitskolleginnen, offenbar weil sie gegen stereotype Erwartungen verstoßen.[123] So fand auch Microsoft-CEO Satya Nadella, dass es gut für das Karma von Frauen sei, wenn sie nicht um eine Gehaltserhöhung verhandelten – diesen absurden Rat äußerte er 2014 ausgerechnet auf einer Konferenz für Frauen in der IT.[124]

Bei all dem darf man jedoch nicht vergessen, dass es bei einem hohen Anteil von Arbeitsverhältnissen überhaupt keine Gehaltsverhandlungen gibt, weil Tariflöhne bezahlt werden oder weil Mitarbeiter*innen sowieso nur einen Friss-oder-stirb-Lohn erhalten. Die generell niedrigeren Löhne (tariflich und ohne Tarifbindung) in Branchen mit hohem Frauenanteil werden durch individuelles Verhandlungsgeschick sicher auch nicht steigen. Eher könnte man die Frage nach effektiverer gewerkschaftlicher Vertretung stellen.

FAZIT · Ja, Gehaltsverhandlungen tragen zum geschlechterbezogenen Gehaltsunterschied bei. Aber das betrifft nur einige Arbeitsverhältnisse, und verhandelnde Frauen schmälern vielleicht sogar ihre Aussicht auf den Job – eine Wahl zwischen Pest und Cholera. In fehlendem weiblichem Verhandlungsgeschick die Ursache für Gehaltsunterschiede zu sehen, ist daher einfach, aber falsch.

Realitätscheck: Die Frau,
ein schüchternes Mäuschen?

Eine gute Führungskraft strahlt Kompetenz, Selbstbewusstsein und Stärke aus. Frauen, so der Vorwurf, treten dafür zu zurückhaltend auf. Was ist dran an dieser Behauptung?

Auch wenn es große Unterschiede zwischen einzelnen Individuen eines Geschlechtes gibt, scheinen doch bestimmte Kommunikationsmuster, die mit Führungskompetenz assoziiert werden, häufiger bei Männern als bei Frauen aufzutreten, während sogenannte weibliche Kommunikationsmuster eher mit Unsicherheit und Inkompetenz verbunden werden. Beides kann eine völlige Fehleinschätzung sein. In der Kommunikation von Teams stellen Frauen häufiger Fragen, binden mehr Mitarbeiter*innen ein als Männer. Sie machen seltener harte Ansagen und versuchen öfter, Mitarbeiter*innen bei Entscheidungen einzubeziehen, eigene Entscheidungen umfangreich zu erklären und möglichst viel Unterstützung dafür aufzubauen. Dieses Kommunikationsverhalten ist mit dem sogenannten »kooperativen Führungsstil« assoziiert, den zwar die Fachpresse schon seit Jahren als besonders effektiv beschreibt, der jedoch in der Praxis allzu häufig als defizitär behandelt wird.

Stattdessen gilt ein klassisch dominanter, durchgreifender Führungsstil noch immer als der »richtige«, als »der Führungsstil«. Alles andere ist eine Abweichung von der Norm. Interessant ist dabei die Erkenntnis, dass auch Topmanager dies in der Theorie anders bewerten als in der Realität. So haben Manager*innen in einer Studie von McKinsey mit eindeutiger Mehrheit geurteilt, dass sie für die großen Herausforderungen der Zukunft und in Krisenzeiten einen eher weiblich konnotierten Führungsstil (den natürlich auch Männer ausüben können) für deutlich geeigneter halten als einen männlich konnotierten. Sie geben gleichzeitig an, einen Überfluss an männlichen Führungseigenschaften und einen absoluten Mangel an weiblich konnotierten Führungseigenschaften zu haben.[125]

Zwei Drittel der Frauen, die ihren eigenen Aufstieg optimistisch bewerten, empfinden die vorherrschende Führungskultur in ihrem Unternehmen als tolerant für weibliche Führungsstile. Frauen, die karrierepessimistisch sind, vermissen mehrheitlich diese Kompatibilität.[126] Ein »Nicht-dazu-Passen« des eigenen Führungsstils ist natürlich ein direktes Aufstiegshindernis, aber zusätzlich wirkt indirekt der dadurch verursachte Pessimismus der Frauen negativ auf ihren künftigen Erfolg. Wer nicht selbst daran glaubt voranzukommen, wird es selten schaffen.

Die erwähnten weiblich konnotierten Kommunikationsmuster haben Frauen in der Regel schon als Mädchen gelernt, wenn sie in einer Gruppe danach strebten, Harmonie auf der Basis von Gemeinsamkeiten aufzubauen und dabei zu vermeiden, sich selbst als etwas Besonderes aus der Gruppe herauszustellen. Das kommt in Mädchengruppen nämlich gar nicht gut an. Allerdings kommt es auch im Berufsleben nicht gut an, denn gleiche Kommunikations- und Führungsmuster bei Männern und Frauen werden unterschiedlich bewertet. Was bei einem Mann »Führungsstärke« heißt, führt bei einer Frau zum Label »Eiserne Lady« und zu Antipathie. Frauen findet man sympathisch oder führungsstark, bei ihnen scheinen sich diese Eigenschaften gegenseitig auszuschließen, bei Männern gibt es dieses Phänomen nicht.

Von Frauen erwartet man einfach einen bestimmten Grad an Sanftmut.

Schon Mädchen werben häufiger um Gemeinschaft, sie diktieren seltener. Als Frauen, die etwas erreichen wollen, verpacken sie ihr Anliegen verbal in Seidenpapier und wickeln rhetorische Schleifen darum. Solche Schleifen sind zum Beispiel die überdurchschnittlich häufige Verwendung von Konjunktiven und anderen Formulierungen, die abschwächend wirken. Weil ihnen schon früh beigebracht wurde, dass es sich nicht schickt, sich in den Vordergrund zu drängen, reden viele Frauen in Meetings seltener und leiser, sie werden häufiger und erfolgreicher unterbrochen. Selbst die Satzintonation unterscheidet sich: Bei Frauen geht am Ende einer Aussage die Betonung häufiger nach oben, wie bei einer Frage, statt nach unten, wie bei einer Aussage.

In Workshops mit Managerinnen mache ich oft eine kleine Übung. Ich lasse alle Frauen nacheinander aufstehen und bitte sie, zwei kurze Sätze hintereinander zu sagen. Zuerst: »Ich heiße (Vorname Nachname).« Daran anschließend: »Ich kann (Mathe, schwimmen, Spanisch, Karate …).« Ich weise die Teilnehmerinnen darauf hin, dass es darauf ankommt, laut und deutlich zu sprechen und am Ende der beiden Sätze jeweils die Stimme zu senken und dazwischen eine kleine Pause zu machen. Trotz dieses expliziten Hinweises schaffen regelmäßig acht von zehn Frauen diese Aufgabe nicht. Der Ton geht doch am Satzende nach oben, das Sprechtempo wird immer mehr beschleunigt, die Pause entfällt: »Ich kann schwimmen?« hört sich an, als wisse frau nicht wirklich, was sie kann, und nicht, als wolle sie ihre Kompetenz herausstellen.

Einmal kam bei diesem Training ein Kellner in den Konferenzraum, und ich bat ihn, die kleine Übung ebenfalls zu absolvieren. Er sprach seine beiden Sätze laut und artikuliert, die Satzintonation war so, wie sie sein sollte. Die Frauen schauten ihn an, als wäre er vor ihren Augen zum Mond geflogen.

Diese Übung funktioniert auch gut allein vor einem Spiegel. Nach dem dritten oder fünften Mal wird es klappen.

FAZIT · Ja, es gibt offensichtlich Unterschiede im durchschnittlichen (!) Kommunikations- und Führungsverhalten von Frauen und Männern. Diese Unterschiede werden jedoch entgegen einschlägiger fachlicher Bewertungen in der Praxis mit meist geschlechtsabhängigen Leistungszuschreibungen verknüpft, die nicht objektiv begründbar sind. Gleiches Verhalten wird außerdem unterschiedlich bewertet. Einige typische Kommunikationsmuster von Frauen fallen tatsächlich unter die Rubrik »ungeschicktes Auftreten« – aber das lässt sich trainieren. Für viele Männer gilt übrigens das Gleiche.

Realitätscheck: Mehr Selbst-PR und alles wird gut?

Tatsächlich gibt es eine Reihe Steine, die wir Frauen uns oft selbst in den Weg legen. Dazu gehören zu große Zurückhaltung und Bescheidenheit, Karrierewünsche erst gar nicht zu äußern oder das Erwähnen eigener Defizite in Situationen, in denen man das nur als destruktiv bezeichnen kann. Es sind vermeidbare Fehler, die Frauen häufiger passieren und Männern fast nie. Selbst bei Kandidatenreden für eine Landeswahlliste zur Bundestagswahl habe ich Frauen einen nennenswerten Anteil ihrer auf zehn Minuten begrenzten Redezeit darauf verschwenden hören, was sie alles nicht können. Man stelle sich vor, auf dem Nutellaglas stünde »Schmeckt zwar lecker, aber ist viel zu süß und zu fett, der dauerhafte Konsum macht Sie dick und krank« – wer würde das noch kaufen wollen?

Obwohl sie wissen, dass Klappern zum Handwerk gehört, fällt es vielen Frauen sehr schwer, anderen von ihren Leistungen zu erzählen. Aber Beförderungsentscheidungen werden oft eine Ebene über dem oder der direkten Vorgesetzten getroffen, wo es nur einen unvollständigen Einblick in die Leistungsfähigkeit der Mitarbeiter*innen gibt. Wenn aber Vorgesetzte denken, dass zum Beispiel Frau Schmidt eine wichtige Leistungsträgerin im Team ist und das tunlichst bleiben sollte, dann sind ihre Karten nicht besonders gut – außer Frau Schmidt hat selbst dafür gesorgt, dass eine höhere Ebene weiß, was sie leistet und dass sie Interesse an neuen und größeren Herausforderungen hat.

Es ist nicht leicht, auf den Beförderungsradarschirm der Entscheider*innen zu kommen. Frauen klappern weniger und sind auch deshalb seltener darauf zu finden. Ihre Kompetenzen und Potenziale bleiben dort, wo es darauf ankommt, unerkannt. Werden Frauen dann trotz Leistung übergangen, ärgern sie sich, weil sie davon ausgingen, dass Leistung honoriert wird.

Klappern ist bei Frauen doppelt wichtig, wenn sie verheiratet und im gebärfähigen Alter sind oder bereits Kinder haben. Das Vorurteil hält sich leider hartnäckig, dass Frauen weniger Interesse am beruflichem Aufstieg haben und vor allem als Mütter andere Prioritäten entwickeln – ganz egal, wie das im Individualfall aussieht. Wenn sie eigene Ambitionen also nicht kund tun, dann werden in den seltensten Fällen Vorgesetzte allein darauf kommen, selbst wenn ihre Leistung wahrgenommen wurde. Bei Männern geht man eher von Aufstiegswünschen aus, auch wenn das natürlich genauso wenig in jedem Fall stimmt.

Aber so einfach, wie sich der Rat anhört, ist er nicht, denn auch in dieser Hinsicht wird gleiches Verhalten von Männern und Frauen unterschiedlich bewertet. Es scheint nicht normal, dass sich eine Frau deutlich für ihre Karriere ausspricht, sie gilt dann schnell als überehrgeizig, karrieregeil oder aggressiv. Selbstredend ist eine solche negative Bewertung nicht gerade förderlich.

Es gilt dennoch: Wer vorankommen will, muss den Kopf aus der Menge ragen lassen. Nur nicht allzu hoch, denn dann wird frau als unsympathisch wahrgenommen. Diese Gratwanderung gibt's für Frauen gratis, hässliche Aussichten und dauerndes Absturzrisiko inklusive.

Was riet mir früher ein hochrangiger Vorgesetzter in Sachen Beförderung? »Sie müssen es einfach etwas weniger wollen, dann klappt das schon.« Ich wüsste gern, wie vielen meiner überaus ehrgeizigen Kollegen er diesen Tipp auch gegeben hat. Als ich mich Jahre später um einen vorderen Listenplatz für die Bundestags- und Europawahlen bewarb, gab es ebenfalls eigenwillige Kommentare auf innerparteilichen Mailinglisten. Ich hätte zu viel Kompetenz, und das sei ein gefährlicher Nachteil, es würde mich zu autonom machen. Ein wohlmeinender Parteikollege schrieb mir in einer Mail, dass ich öffentlich zu perfekt auftreten würde, zum Beispiel in Talkshows. Ich solle doch hier und da mal Fehler machen oder eine Schwäche zeigen, das würde meine Chancen erhöhen, weil ich dann sympathischer und menschlicher wirken würde. Von solchen Ratschlägen an einen Mann habe ich noch nie gehört.

FAZIT · Die lebenslange Sozialisierung führt tatsächlich häufig dazu, dass Frauen mit verstärkter Zurückhaltung ihre eigene Karriere behindern. Andererseits gelten auch hier doppelte Standards. Denn trommeln sie für ihre Leistung, gelten sie schnell als überehrgeizig und unsympathisch. Die Gratwanderung zwischen zu wenig und zu viel Selbstmarketing müssen nur Frauen beherrschen, Männern bleibt sie aufgrund anderer Geschlechterstereotype erspart.

Logisch: Im Patriarchat liegt alles an den Männern!

Schuld sind eh immer die anderen. Auf jeden Fall diejenigen, die vom herrschenden (sic!) System am meisten profitieren. Also die Männer. Die Männer, so heißt es, sitzen wie festgenagelt auf ihren Pöstchen, die sie sich in ihren geschlossenen Netzwerken einander zuschanzen. Macht wollen sie nicht teilen, von bequemen konservativen Lebensmodellen wollen sie sich nicht trennen. Das Männerego leide unter erfolgreichen Frauen, also werden die Partnerinnen weiter daheim und klein gehalten. Die Frauen hätten sich schon verändert, die Männer noch nicht. Schauen wir auch in diesem Fall, was dran ist an den Vorwürfen.

Realitätscheck: Old Boys Networks – undurchdringlicher als Dornröschens Hecke?

Von den Männernetzwerken ist in der Debatte um Geschlechtergerechtigkeit viel die Rede: undurchdringliche Geheimbündnisse, die sich gegenseitig Posten zuschustern und Frauen draußen halten. Leider ist an diesen Geschichten eine Menge dran. Der ehemalige Personalvorstand der Deutschen Telekom, Thomas Sattelberger, lieferte einen schockierenden Bericht von den Reaktionen seiner Dax-30-Vorstandskollegen, nachdem die Deutsche Telekom AG eine Quote für die höchsten Führungsebenen beschlossen hatte. Von Nestbeschmutzung war die Rede und auch davon, dass Frauen alles durcheinanderbringen würden, die Rolle eines Vorstandes abgewertet würde (!) und dass der Grad der Freiheit innerhalb eines Vorstandes durch die Anwesenheit von Frauen leide. Er, Thomas Sattelberger, würde den anderen Vorständen damit in den Rücken fallen. Einschüchtern ließ sich Sattelberger davon nicht, aber er erkannte, dass die Notwendigkeit einer Geschlechterquote noch größer war, als er angenommen hatte. Eine derart offene Ablehnung von Frauen in Topführungsgremien hatten viele (auch Männer) nicht für möglich gehalten.

Aber mit derlei Ansichten sind Manager nicht allein: Die drohende »Abwertung« ihres Jobs war auch ein Argument der Männer der Berliner Stadtreinigung gegen eine Einstellungsquote für Frauen.[127]

So schlimm diese Formen offener Diskriminierung sind, halte ich sie dennoch nicht für das größte Problem. Viel gefährlicher scheint mir der von den Männern selbst gar nicht bewusst wahrgenommene Ausschluss von Frauen aus ihren Netzwerken. Durch seine faktische Unsichtbarkeit fällt es schwer, das Problem ins Bewusstsein zu holen und direkt zu bekämpfen. Seine Wurzel liegt in der Neigung des Menschen zur Selektion nach dem Ähnlichkeitsprinzip, auch homosoziale Reproduktion genannt, im Volksmund gern beschrieben mit »Gleich und gleich gesellt sich gern«. Menschen möchten einander vertrauen können in Situationen, in denen sie voneinander abhängen. Und bei denen, die ihnen ähnlich sind, scheint die Wahrscheinlichkeit unliebsamer Überraschungen geringer. »Ähnlich sein« kann man sich auf unterschiedliche Weise. So haben Führungskräfte oft einen ähnlichen sozialen Hintergrund: Die meisten sind bürgerlicher Abstammung, viele Vorstandsmitglieder sind verwandt mit Vorstandsmitgliedern, besuchten die gleichen Eliteschulen oder gehen wenigstens in den gleichen Golfclub. Man kennt sich.

Aber Ähnlichkeit bezieht sich auch auf das Aussehen, das Geschlecht und die damit verbundene Sozialisierung. Viele Chefs suchen in ihren Nachfolgern eine jüngere Ausgabe ihrer selbst. Jüngeren Männern fällt es natürlich leichter, diesen Vorstellungen männlicher Chefs zu entsprechen. Gibt man im Internet in der Bildersuche »Vorstand« oder »Aufsichtsrat« ein, kann man die Auswirkung der homosozialen Reproduktion sofort erkennen: Auf unzähligen Fotos sind mittelalte weiße Männer im schwarzen Anzug zu sehen. Ob bewusst oder unbewusst: Viele Frauen mit Karriereambitionen berücksichtigen den Ähnlichkeitseffekt und passen sich optisch an. Sie tragen vorwiegend schwarze Hosenanzüge, weiße Blusen und schwarze Aktentaschen. Es mag sein, dass die Karriere schneller verläuft, wenn man sich dem männlichen Normalmodell so weit wie möglich anpasst, aber ich halte das für eine Grenzüberschreitung, wenn diese Kleidung dem eigenen Stil widerspricht (was natürlich nicht immer der Fall ist). Für mich gehört das Äußere zur eigenen Identität. Meinen persönlichen Stil zu verleugnen, nur um eine Art Männerverkleidung zu tragen, kann und will ich nicht. Ich glaube, dass Frauen häufig zu große Kompromisse eingehen und damit dazu beitragen, dass weibliche Kompetenz gar nicht als solche wahrgenommen wird.

Ich halte es für elementar, in jeder Rolle vor allem immer noch ich selbst zu sein. Ist man in einer Funktion nicht mehr authentisch, wird man bald auch nicht mehr glücklich sein. Und diesen Preis ist kein Job wert. Hier und da ein Kompromiss ist natürlich völlig in Ordnung. Zum ersten Vorstellungstermin bei McKinsey bin ich auch im schwarzen Hosenanzug gekommen. Aber später trug ich rote Blusen, eine rote Handtasche und schönen Schmuck. Das brachte mir zwar mehrfach Hinweise darauf ein, dass ich mich zu auffällig kleide, aber die habe ich ignoriert. Fakt ist, selbst die Frauen, die ihre persönlichen Stylingpräferenzen unterdrücken, können nicht verstecken, dass sie Frauen sind. So können sie trotzdem scheitern an dem starken Prinzip der Ähnlichkeitsauswahl.

Die Mechanismen der Ausgrenzung von Frauen aus den Old Boys Networks werden leider durch (anerzogene) Unterschiede im Netzwerkverhalten von Männern und Frauen verstärkt. Menschen pflegen zwei Typen von Beziehungen: instrumentelle Beziehungen, wie man die vor allem beruflich »nützlichen« Kontakte nennt, über die man karriereförderliche Informationen, Vorteile und Gefälligkeiten erhalten kann, und emotionale Beziehungen, bei denen man sich zu Themen des Privatlebens austauscht und etwas für die Seele tut. Die meisten Männer und Frauen scheinen auf unterschiedliche Weise mit diesen beiden Beziehungstypen umzugehen.[128]

Männer pflegen häufig mit der gleichen Person – meist ebenfalls ein Mann – beide Beziehungsarten. Frauen pflegen dagegen häufiger zwei säuberlich getrennte Netzwerke: ein »nützliches« für Arbeitskontakte – darin befinden sich Männer gleichermaßen wie Frauen – und ein emotionales für private Kontakte, in dem sie sich vor allem mit Frauen vernetzen.

Ein Mann nutzt so eine Stunde Freizeit doppelt: Wenn er mit Kollegen ein Bierchen trinken geht, redet er mal über Geschäftliches und mal über die Pubertät der Kinder – er investiert in Sozialleben und Karriere. Eine Frau steht bei dieser Stunde vor der Entscheidung, ob sie etwas für ihr Seelenleben oder für die Karriere tut. Oft bleibt eine durchschnittliche Frau aber ganz zu Hause, denn Frauen haben statistisch weniger Freizeit als Männer, weil sie immer noch mehr unbezahlte Familienarbeit leisten.

Die Folge ist, dass Frauen weniger Zeit für beruflich nützliche Netzwerke aufbringen, was wiederum dazu führt, dass ihre instrumentellen Beziehungen weniger stark und damit schlicht weniger nützlich sind. Frauen erhalten so weniger Insiderinformationen und Kontakte, sie haben seltener Fürsprecher, wenn in einer Krise Arbeitsplätze abgebaut werden. Nicht zufällig ist der Frauenanteil in Führungspositionen nach Reorganisationen meist niedriger, als er vorher war, und steigt der Frauenanteil Arbeitsloser in Wirtschaftskrisen überproportional an.[129] In Belastungssituationen zeigt sich die Tragfähigkeit und Effektivität von Beziehungen – ein Nachteil für viele Frauen.

Aber es gibt nicht nur den Verdrängungseffekt, den Männer in Männernetzwerken bewusst oder unbewusst erzeugen. Auch Frauen sind Teil des Problems, denn durch ihre Sozialisierung empfinden es viele von ihnen als Beziehungsmissbrauch, wenn sich instrumentelle und emotionale Zwecke bei Beziehungen vermischen. Männer können solche Hemmungen oft überhaupt nicht nachvollziehen. Vielleicht sollten noch mehr Mädchen Fußball spielen, um zu lernen, wie sehr es hilft, sich gegenseitig den Ball zuzuspielen.

FAZIT · Ja, Männernetzwerke sind ein Problem, vor allem weil indirekte, unbewusste, unsichtbare Mechanismen Frauen ausschließen. Unterschiede in der verfügbaren Zeit wirken zusätzlich ausgrenzend. Außerdem sind auch Frauen Teil des Problems, wenn sie die Bedeutung von Netzwerken unterschätzen.

Realitätscheck: Männliche Bequemlichkeit als Fortschrittsbremse?

Tatsächlich ist der Status quo für Männer bequemer als für Frauen, was die Rollenverteilung in Paarbeziehungen betrifft. So leisten beispielsweise überall auf der Welt Frauen mehr Hausarbeit als Männer, in Deutschland sogar doppelt so viel.[130] Männer in Partnerschaft mit einer Frau arbeiten weniger im Haushalt als alleinlebende Männer. Bei Frauen ist es genau andersherum: Ohne Partner müssen sie weniger im Haushalt leisten als mit Partner, ein Effekt, der in Westdeutschland besonders drastisch ist.[131] Die dafür eingesetzte Zeit fehlt Frauen nicht nur für ihre Freizeitgestaltung, sondern auch für bezahlte Arbeit, Weiterbildung und

Vernetzung. Die Ungleichverteilung unbezahlter Arbeitsleistung zuungunsten der Frauen ist daher ein struktureller Nachteil. Die mangelnde Anerkennung unbezahlter Arbeit in Verbindung mit geringeren Löhnen für Frauen kann auch zu ungleicher Machtverteilung in Partnerschaften führen, denn das individuell verdiente Geld spielt dabei häufig eine Rolle, insbesondere wenn einseitige wirtschaftliche Abhängigkeiten entstehen.

Es halten auch offenbar wirklich mehr Frauen ihren Männern den Rücken frei als umgekehrt, erkennbar daran, dass mehr (westdeutsche) Frauen auf Kinder verzichten, wenn sie in Führungspositionen arbeiten.[132] Männer haben dieses Problem nicht. Männliche Manager haben genauso viele Kinder wie Nichtmanager. Schaut man sich Vorstände in großen Unternehmen an, trifft man überwiegend auf sehr konservative Familienmodelle.

Dennoch hat auch diese Medaille ihre zwei Seiten. Denn Ungleichverteilung erfordert nicht nur jemanden, der weniger Arbeit leistet, sondern auch jemanden, der dafür mehr Arbeit leistet. Viele Frauen fordern ihre Partner im Haushalt zu wenig. Hausarbeitsverweigerung wird in vielen Familien schon bei Söhnen eher akzeptiert als bei Töchtern – das prägt für das spätere Leben.[133] Manche Frauen hindern ihre Partner sogar an der Hausarbeit, weil sie an deren Kompetenz zweifeln. Aber mit Hauswirtschafts- oder Erziehungskompetenzen kommt man nicht auf die Welt, und alles, was eine Frau lernen konnte, kann auch ein Mann lernen – man muss ihn nur lassen.

In Doppelverdienerpartnerschaften ist es manchmal der beste Weg, Kinderbetreuung oder Haushaltsaufgaben zumindest teilweise an Dritte abzugeben, um die eigene Belastung besser zu verteilen.

Zu der Komplexität des Themas gehört auch, dass

»körperliche und psychische Gewalt und auch schwerere Ausprägungen von Gewalt und Misshandlung in Paarbeziehungen dort am seltensten auftreten, wo eine egalitäre Aufgabenteilung vorliegt, und dort am häufigsten, wo die Frauen deutlich mehr Aufgaben im Haushalt als ihre Partner übernehmen«.

Dieser Satz stammt aus einer Studie des Bundesfrauenministeriums zu häuslicher Gewalt, in der auch geschlussfolgert wird:

»Ein Abbau traditioneller geschlechtshierarchischer Aufgaben- und Rollenverteilungen und eine Angleichung der Macht und Ressourcen in den Geschlechterbeziehungen kann langfristig zu einem Abbau von Gewalt im Geschlechterverhältnis beitragen.«

Leider steht in der gleichen Studie auch, dass eine egalitärere Aufgaben(um)verteilung kurzfristig das Risiko von Gewalt gegen Frauen erhöhen kann. Der Aushandlungsprozess scheint also gar nicht so einfach zu sein.[134]
Auf der anderen Seite bekommen Männer, die sich mehr in der Kinderbetreuung engagieren wollen, von ihren Arbeitgebern Steine in den Weg gelegt. Nach einer Studie des Jugendinstitutes wünschten sich schon 2008 fast 91 Prozent aller befragten jungen Männer (15 bis 42 Jahre alt) Maßnahmen am Arbeitsplatz, die ihnen eine aktive Vaterschaft ermöglichen. Nur lächerliche drei Prozent der berufstätigen Väter gaben gleichzeitig an,

solche Rahmenbedingungen vorzufinden.[135] Diese Abweichung von Wunsch und Wirklichkeit wird also nicht nur durch die viel zitierte »verbale Fortschrittlichkeit bei anhaltender Verhaltensstarre« durch die Männer selbst verursacht, sondern auch dadurch, dass aktive Väter in vielen Unternehmen immer noch nicht vorgesehen sind.

FAZIT · Ja, viele Männer schätzen und nutzen die Bequemlichkeit traditioneller Rollenverteilung. Frauen bestehen aber oft nicht energisch genug auf gerechter Arbeitsteilung. Und manchen Frauen fehlt aufgrund wirtschaftlicher Abhängigkeiten, Beziehungsstress oder sogar häuslicher Gewalt der Verhandlungsspielraum. Was man den Männern nicht vorwerfen kann: die mangelnde Familienfreundlichkeit vieler Unternehmen.

Realitätscheck: Das Männerego – eine weitere Barriere?

Und noch ein Schuldvorwurf: Das Ego der Männer steht den Frauen im Weg. Viele Männer, so heißt es, bevorzugen Partnerinnen, denen sie überlegen sind, damit sie auf jemanden herunterschauen können. Erfolgreiche Frauen fänden deshalb schwerer einen Partner. Frauen mit Potenzial müssten oft wählen: Karriere oder Mann. Die Minderwertigkeitskomplexe der Männer bewirke dadurch, dass viele Frauen auf Karriere verzichten. Richtig oder falsch?

Natürlich gibt es viele Ehen unter Gleichaltrigen oder sozial Gleichgestellten, doch häufig ist die Partnerin eines Mannes entweder jünger oder von geringerer Bildung, geringerem sozialem Status oder erzielt geringere Einkünfte – oder es treffen gleich mehrere dieser Kriterien zu. Wollen Männer vielleicht lieber Partnerinnen, denen sie sich überlegen fühlen können? Finden erfolgreiche Frauen deshalb so schwer einen Partner?

Zur Pärchenbildung gehören immer zwei. Das oben beschriebene Problem hat daher zwei parallele Annahmen, die durchaus unabhängig voneinander wahr oder falsch sein können:

1. Männer heiraten lieber nach unten (oder gleich)
2. Frauen heiraten lieber nach oben (oder gleich)

Wenn der Arzt die Arzthelferin heiratet, dann kann das einfach daran liegen, dass das für beide eine gute Partie ist. Sie hält ihm den Rücken frei, er verschafft ihr einen höheren sozialen Status. Wenn die Ärztin den Pfleger *nicht* heiratet, dann kann das daran liegen, dass *sie* nicht nach *unten* heiraten möchte oder daran, dass *er* nicht nach *oben* heiraten möchte. Vielleicht trifft auch beides zu. Vermutlich gibt es alle denkbaren Kombinationen, und vermutlich spielt oft der soziale Druck eine Rolle. Die Gesellschaft reagiert irritiert, wenn die erwarteten Standards verletzt werden. So wie es normal scheint, dass ein Mann eine (fast) gleichaltrige Erstfrau heiratet, sich eine zehn Jahre jüngere Zweitfrau und vielleicht noch eine 20 Jahre jüngere Drittfrau sucht, ist es heute auch nicht weiter erwähnenswert, wenn ein Manager, Professor oder Oberarzt sich eine Partnerin mit wesentlich niedrigerem sozialem Rang sucht.[136] Umgekehrte Konstellationen sind immer noch seltener. Sie führen zu Getuschel, bei öffentlicheren Personen auch zu Schlagzeilen. Die Abweichung von der Norm wird zur Zielscheibe für Kritik – durch Frauen und durch Männer. Gleiches wird (wieder einmal) nicht gleich bewertet.

Ein Grund dafür ist die Betrachtung einer Partnerin als wertsteigerndes Attribut für das Selbst eines Mannes. Dieses Prestigeobjekt erfüllt am besten seine Aufgabe, wenn es hübsch und damit vorzeigbar ist. Eine erfolgreiche Frau könnte ihrem Mann jedoch Aufmerksamkeit stehlen. Einem starken Mann macht das nichts aus. Er hat es nicht nötig, sich seiner Partnerin gegenüber auf einen Sockel zu stellen. Es gibt solche Männer. Ich bin mit einem dieser Art verheiratet. Aber es gibt davon viel zu wenige.

Es gibt aber auch immer noch zu wenige Frauen, die sich diesem Spiel verweigern, die ihr Selbstwertgefühl nicht aus dem Erfolg ihrer Partner speisen, sondern aus dem, was sie selbst sind und tun. Ohne diese vermaledeiten Selektionsmechanismen gäbe es viel mehr Kombinationsmöglichkeiten und damit viel mehr Chancen auf glückliche Beziehungen.

Es ist doch beängstigend, dass zumindest in Westdeutschland Managerinnen viel seltener verheiratet sind als ihre männlichen Kollegen. Ich kenne viele solcher Singles, und keine von ihnen ist freiwillig allein. Sie suchen teils schon seit Jahren einen Partner, sind alle attraktiv, witzig, intelligent und im Beruf erfolgreich. Was bei einem Mann eine Gewinnerkonstellation ist, wird bei einer Frau zur abschreckenden Mischung.

Selbst der Geschäftsführer von ElitePartner, einer Online-Partnerbörse für Akademikerinnen und Akademiker, bezeichnete erfolgreiche Frauen als besonders schwer vermittelbar. Sein Fazit: »Männer haben mit ihnen einfach ein Problem.« Bemerkenswert ist der Umstand, dass Frauen in Ostdeutschland offenbar seltener damit konfrontiert sind. Managerinnen und Manager sind dort fast gleich häufig verheiratet und haben fast gleich häufig Kinder. Die Unterschiede sind nur klein und entstanden erst in den letzten Jahren.[137]

Eine patriarchal geprägte Gesellschaft, in der Frauen vielfach in Partnerschaften die Rolle einer Deko, ergänzt um die nützlichen Funktionen einer Hauswirtschafterin, Kinderfrau und Köchin, einnehmen sollen und in der hierarchisch wirkende Unterschiede bei Einkommen und beruflicher Position zwischen den Partnern nur in eine Richtung sozial akzeptiert bzw. normal sind, beschränkt unser Bruttosozialglück. Sie trägt dazu bei, dass Männer im Alter immer glücklicher und Frauen immer unglücklicher werden.[138]

Doch erfolgreiche Frauen sehen sich auch in bestehenden Partnerschaften viel zu häufig mit Problemen konfrontiert, die es umkehrt gar nicht gibt. Ich weiß schon gar nicht mehr, wie oft ich von besser verdienenden Frauen gehört habe, dass ihr höheres Einkommen das Selbstbewusstsein ihrer Ehemänner schädigt. Sie haben mir die abstrusesten Tricks erzählt, mit denen sie ihre Partner vor der bitteren Erkenntnis bewahren, dass ihre Frau mehr zum Haushaltseinkommen beiträgt als sie selbst. Sie stecken ihren Männern heimlich Geld ins Portemonnaie, sie lassen alle großen Fixkosten von ihrem Konto abbuchen und verstecken die Kontoauszüge, sie lassen Gehaltsbestandteile umwandeln in Kinderbetreuungszuschüsse oder Rentenbeiträge, damit die Überweisung auf das Konto niedriger wird. Manche verzichten sogar ganz auf Gehaltserhöhungen oder Beförderungen, weil sie fürchten, es könne ihre Ehe gefährden.

In welcher Welt leben wir eigentlich? Die Realität besteht nun mal längst nicht mehr nur aus dem klassischen männlichen Familienernährer. Insgesamt tragen jede dritte westdeutsche und mehr als jede zweite ostdeutsche Frau

genauso viel oder mehr als ihre Partner zum Familien-
einkommen bei.[139] Es wird Zeit, das endlich normal zu
finden. So lange das anders ist, so lange Männer des-
wegen sogar psychologische Hilfe in Anspruch nehmen
müssen, ist Gleichberechtigung ein Märchen. Der *FAZ*
erzählte ein solcher Mann, womit die Therapeutin ihm
seine Verzweiflung nahm:[140]

> »›Alle anderen Männer kriegen es doch auch hin, der
> Haupternährer ihrer Familie zu sein – warum kann
> ich das nicht?‹ Die Therapeutin machte ihm klar, dass
> er nicht finanziell von seiner Frau abhängig ist, son-
> dern die Familie auch von seinem Lehrergehalt er-
> nähren könnte.«

Die Therapeutin verklickerte ihm also nicht, dass sein
Ego und sein Wert gar nicht vom Ernährermodell abhing.
Nein, sie erklärte ihm vielmehr, dass er theoretisch der
Ernährer sein könnte, weil sein Gehalt reiche, um die
Familie durchzufüttern. Mit anderen Worten, das höhere Gehalt seiner Frau ist doch nur ein schöner Bonus
on Top. Ja, so kann man es auch sehen. Aber damit wird
der Kern des Problems einfach außer Acht gelassen.
Immer noch können sich fast 40 Prozent aller Männer
nicht einmal vorstellen (!), dass ihre Frau mehr verdient
als sie.[141] Diese Männer brauchen offenbar mehr Fanta-
sie und ein breiteres Bild davon, was normal ist.

Mein Mann hat u. a. von Journalist*innen schon öfter
die Frage gehört, wie er denn mit einer so starken Frau
klarkäme, die auch in der Öffentlichkeit wahrnehmbar
ist. Das erste Mal hat ihn die Frage noch völlig überrascht. Seine Antwort war immer gleich und kurz: »Sehr
gut! Warum auch nicht? Ist doch toll, mit einer tollen

Frau zusammen zu sein!« Ich wüsste gern, wie oft Journalist*innen die Ehefrauen erfolgreicher Männer danach fragen, wie sie mit dem Erfolg ihres Gatten klarkommen. Mich hat das noch nie jemand gefragt.

Das Egoproblem der Männer kann dramatische Folgen für ihre Partnerinnen haben. So stellt die schon erwähnte Studie des BMFSFJ zu häuslicher Gewalt fest, dass Frauen ab 45 Jahren überdurchschnittlich häufig Gewalt durch ihren Beziehungspartner erleiden müssen, wenn sie erfolgreicher sind als er, mehr verdienen und/oder eine höhere berufliche Position innehaben.[142]

Zu diesem männlichen Defizit an Selbstbewusstsein dürften historisch gewachsene gesellschaftliche Normen ihren Teil beitragen. Und auch heute noch wird Jungen überwiegend vermittelt, dass sie als Erwachsene der Familienernährer und die Stütze der Familie sein müssen. Als Mann bekommen sie bei einem so einseitigen Männerbild natürlich Minderwertigkeitskomplexe, wenn ihnen eine selbstbewusste und beruflich erfolgreichere Frau gegenübersteht. Es fehlt einfach immer noch an mehr Vielfalt in Rollenbildern für Frauen und Männer sowie an einer Menschenbildung, die das eigene Selbstwertgefühl tatsächlich von sich selbst ableitet und nicht von einem Vergleich mit dem Partner oder der Partnerin.

FAZIT · Ausnahmen bestätigen die Regel, aber immer noch gilt als Norm, dass in einer Partnerschaft der Mann mehr verdient und eher Karriere macht. Abweichungen haben oft sozialen Druck zur Folge, der Frauenkarrieren behindern kann. Nach wie vor scheinen viele Männer ein massives Problem mit erfolgreichen Frauen zu haben. Zugleich aber schränken solche Normen auch die Chancen auf glückliche Beziehungen für beide Geschlechter ein.

Biologie und Steinzeiterbe – das sind die Ursachen!

Realitätscheck: Jagende Manager, sammelnde Hausfrauen?

Ja, für vieles muss die Steinzeit herhalten. Gegen angeborene Unterschiede und unsere jahrtausendealte Prägung sollen wir machtlos sein. Bleiben also Männer auf ewig die Jäger und Frauen die Hüterinnen des heimischen Feuers?

Anthropologie und Archäologie können eine ganze Menge nachweisen – welche Werkzeuge wann und woraus gefertigt wurden und wozu sie vermutlich benutzt wurden. Aber wer sie gefertigt hat und wer sie vor Tausenden von Jahren in der Hand hielt, das lässt sich bisher kaum bestimmen. Für das soziale Leben der frühen Menschen fehlt es an belastbaren Erkenntnissen. Dass überall behauptet wird, Frauen hielten nur das Feuer in der Höhle im Gang, hüteten nebenbei die Kinder und sammelten hier und da eine Handvoll Beeren, während die Männer ihr Leben beim Erlegen von Säbelzahntigern riskierten, heißt noch lange nicht, dass das auch so war. Die prähistorische Archäologie als Wissenschaft entstand im 19. Jahrhundert, einer Zeit, in der sich im Bürgertum die Geschlechterrollen im traditionellen Sinne manifestierten, also die Zuordnung von Frauen zur häuslichen Sphäre und die der Männer zur externen Arbeitswelt als Familienernährer. Kein Wunder, dass dieser Umstand eine Auswirkung auf die Interpretation prähistorischer Funde hatte. Stereotype wirken wie eine Brille. Wer eine Brille mit grünen Gläsern trägt, dem erscheint die ganze Welt grünlich. Wer mit der Überzeugung einer binären Aufteilung der Menschen in Männer und Frauen mit feststehenden Kompetenzen, Stärken und Rollen auf die Welt schaut, der sieht diese Überzeugung in allem bestätigt – auch wenn die Faktenlage das nicht hergibt. Im Übrigen waren und sind auch Anthropologen überwiegend Männer.

Nur Männer waren die Jäger? Eine in der Öffentlichkeit kaum umstrittene Behauptung. Trotzdem ist sie gewagt, denn ob nur oder vorwiegend Männer in der Steinzeit jagten, weiß kein Mensch. Die Paläoanthropologin Miriam Haidle, Forscherin an der Universität Heidelberg, verweist auf zahlreiche Belege für jagende Frauen aus aller Welt. In manchen Gesellschaften jagte die Mehrheit der Frauen, ihre Beute waren keineswegs nur kleine Tiere. Auf den Philippinen gibt es ein Volk, die Agta, wo Frauen noch heute alles bis zum Hirsch jagen, selbst mit Kind auf dem Rücken oder schwanger. Bei Schimpansen waren es vor allem die Weibchen, die mit Speeren kleine Affen aufspießten.[143] Aber von solchen Studien wird nicht viel geredet – sie stellen Stereotype infrage und nehmen uns eine der häufigsten Ausreden weg.

Steinzeitmänner stellten Werkzeuge aus Feuerstein her, Steinzeitfrauen nähten Fellklamotten? Ötzi, der Eiszeitmann, der vor etwa 5250 Jahren bei der Überquerung der Alpen umkam, hatte seine Nähnadel dabei. Und in einem Grab, in dem vor mehr als 4500 Jahren in Stetten an der Donau eine junge Frau bestattet wurde, fand man als Grabbeigaben Utensilien zur Herstellung prähistorischer Werkzeuge: Feuersteinmesser, Schleifstein, Knochenrohstoff und fertige Knochenpfrieme.[144] Die Paläontologin Linda Owen entdeckte bei jüngeren arktischen Völkern in Nordamerika, die noch als Jäger und Sammler lebten, dass dort auch Frauen jagten und Werkzeug aus Stein und Knochen herstellten.[145] Es ist heute auch längst wissenschaftlicher Konsens, dass viele Jagden als Treibjagden stattfanden, für die man viele Menschen unabhängig vom Geschlecht brauchte. Neue Funde wiesen nach, dass schon vor Tausenden von Jahren feine Netze für die Netzjagd verwendet wurden. Damit wurden vermutlich nennenswerte Anteile der Fleischbeute gefangen. Es gibt keinerlei Grund anzunehmen, dass Frauen daran nicht beteiligt waren.

Die moderne Hirnforschung bescheinigt unserem Gehirn übrigens eine erstaunliche Plastizität, also die Fähigkeit, durch Training und Erfahrung seine Strukturen zu verändern. Diese Plastizität ist eine feine Sache. Denn sie bedeutet, dass wir selbst bei bestimmten Prägungen individuelle Entwicklungen in hohem Maße steuern können.

FAZIT · Die Lebensrealität der Steinzeit war offensichtlich vielfältiger, als wir das bisher glaubten – auch in Sachen geschlechtsspezifischer Arbeitsteilung. Außerdem ist das menschliche Gehirn zu enormen Anpassungsleistungen in der Lage. Die Steinzeit kann man also für mangelnde Geschlechtergerechtigkeit heute beim besten Willen nicht verantwortlich machen.

Realitätscheck: Rosaliebe und Matheschwäche – genetisch bedingt?

Männer haben ein X- und ein Y-Chromosom, Frauen zweimal das X. Das muss doch schwerwiegende Folgen haben, zum Beispiel unterschiedliche Talente (Mathe vs. Sprachen), Vorlieben (Rosa und Kinder vs. Fußball und Karriere) oder Eigenschaften (Sanftmut vs. Wildheit). Geschlechtsspezifische Unterschiede: alle angeboren! Sinnlos, sich dagegen zu sträuben. Sind wir wirklich so eindeutig geschlechtsabhängig programmiert? Das Argument ist jedenfalls als Erklärung für die Benachteiligung von Frauen noch beliebter als die Steinzeitprägung.

Selbst Hirnforscher bezogen sich immer wieder auf das kulturelle Erbe der Vergangenheit, verbissen suchten sie im Gehirn nach biologischen Beweisen für Unterschiede der Geschlechter, und natürlich fanden sie welche. Immer wieder neue, weil die alten »Beweise« immer wieder widerlegt wurden. Das hält aber niemanden davon ab, die Biologie als Standarderklärung einzusetzen.

Ein Beispiel: Im Metropolitan Museum of Arts in New York sind zwar 76 Prozent aller nackt dargestellten Personen Frauen, aber nur vier Prozent der ausgestellten Künstler sind weiblich. Die Guerilla Girls fragten daraufhin auf Postern: »Müssen Frauen nackt sein, um in das Metropolitan Museum zu kommen?«[146]

Der Künstler Georg Baselitz hatte eine einfache Erklärung für die mangelnde Prominenz von Frauen in der Kunst. Er erklärte in einem Spiegel-Interview, dass Frauen halt einfach schlecht malen. Das las sich dann so:[147]

Spiegel: (…) Der Markt lässt nur wenige Frauen gelten. Unter den teuersten Künstlern finden sich kaum welche.

Baselitz: O Gott! Frauen bestehen nun mal die Prüfung nicht.

Spiegel: Welche?

Baselitz: Die Marktprüfung, die Wertprüfung.

Spiegel: Was soll das sein?

Baselitz: Frauen malen nicht so gut. Das ist ein Fakt. Es gibt natürlich Ausnahmen. Agnes Martin oder aus der Geschichte Paula Modersohn-Becker. Immer wenn ich ein Bild von ihr sehe, bin ich glücklich. Aber auch sie ist kein Picasso, kein Modigliani, auch kein Gauguin.

Spiegel: Frauen malen also angeblich nicht so gut.

Baselitz: Nicht angeblich. Dabei muss man sogar noch sehen, dass sie in der Ausbildung an den Akademien die Mehrheit bilden. Trotzdem.

Ja, eine genetische Überlegenheit kann man sich auch einfach einreden. Ich las vor einiger Zeit von einem Experiment, bei dem man in Galerien Bilder abstrakter Kunst anbot und fragte, zu welchem Preis eine Galerie glaubte, diese Bilder verkaufen zu können. Als Schöpfer dieser Bilder gab man mal einen Männernamen und mal einen Frauennamen an, beide waren frei erfunden. Der von den Galeristen geschätzte Durchschnittsverkaufspreis soll bei Angabe eines männlichen Malers um etwa ein Drittel über dem Preis, den man bei Angabe einer Künstlerin schätzte, gelegen haben. So viel zur Objektivität. Harte Zahlen des Kunstmarktinformationsdienstes Artprice bestätigen das Phänomen: Nur 16 lebende Künstlerinnen haben mehr als eine Million Dollar für ihre Werke auf internationalen Auktionen erzielen können. Ihnen stehen 195 männliche Künstler gegenüber. Damit entfallen nicht einmal acht Prozent aller für Kunstwerke bezahlten Preise über eine Million Dollar auf Künstlerinnen.[148] Rational ist das nicht zu erklären. Kunst von Frauen wird schlicht weniger wertgeschätzt – so wie die Leistung von Frauen in allen anderen Branchen. Der Gehaltsunterschied ist in der Kunst nur noch viel krasser, wohl, weil er intransparenter ist und Leistung noch subjektiver bewertet wird als anderswo.

Manchmal soll aber auch die männliche Biologie schuld sein, wenn Frauen an künstlerischen Aufgaben scheitern. Glaubt man zumindest dem Dirigenten des britischen Nationalen Jugendorchesters, außerdem Dirigent der Osloer Philharmoniker, Vasily Petrenko, sind Frauen nämlich deshalb als Dirigentinnen schlecht geeignet, weil sich männliche Musiker dann nicht mehr auf die Musik konzentrieren können – es schwebe zu viel sexuelle Energie im Raum, und darunter leide dann die Performance.[149] Petrenko scheint ein sehr archaisches, geradezu animalisches Männerbild zu haben.

Alles Biologie? Unabwendbares Schicksal? Oder doch Zeichen eines erbitterten Machtkampfes um eine der letzten Männerbastionen: Nur 1,5 Prozent aller Chefdirigenten in Deutschland sind Frauen (2 von 129), obwohl längst ein Drittel der Student*innen für dieses Fach an unseren Hochschulen weiblich ist.[150]

Ebenso hartnäckig ist das Vorurteil, Talente und Fähigkeiten in naturwissenschaftlichen Fächern wären in Abhängigkeit vom Geschlechtschromosom verteilt. Schauen wir uns die Fakten einmal an:

Die OECD hat die internationale PISA-Bildungsstudie für den Bereich wissenschaftliche Kompetenzen ausgewertet.[151] In doppelt so vielen Ländern waren die Leistungen von Mädchen höher als die von Jungs als umgekehrt. Deutschland und unsere Nachbarländer Österreich, Schweiz, Niederlande, Frankreich, Belgien und Dänemark gehören zu den Ländern, in denen Jungen bessere Ergebnisse ablieferten. In vielen arabischen, osteuropäischen und skandinavischen Ländern waren jedoch Mädchen besser.[152] Selbst in Mathematik, wo die PISA-Studie in 35 Ländern für Jungen bessere Ergebnisse zeigte als für Mädchen, gab es zahlreiche Länder –

ebenfalls vor allem aus Skandinavien, Osteuropa und Asien –, in denen es keinen statistisch relevanten Unterschied in den mathematischen Leistungen von Jungen und Mädchen gab. In einigen Ländern schnitten Mädchen sogar besser ab, insgesamt waren Unterschiede zwischen Mädchen und Jungen jedoch sehr klein. Die ebenfalls international durchgeführte Vergleichsstudie TIMSS ergab bei Achtklässlern für Mädchen bessere Leistungen in 16 Ländern, nur in acht Ländern war es umgekehrt.[153] Bei so inkonsistenten Ergebnissen sind Gene keine valide Erklärung.

Wissenschaftler*innen haben die Wirkung von gesellschaftlich verankerten, abwertenden Stereotypen untersucht, wie die verbreitete Annahme, Mädchen seien schlechter in Mathematik. Jedes Mädchen kennt dieses Stereotyp und kann in Testsituationen entweder durch den Effekt sich selbst erfüllender Prophezeiungen oder durch die Erwartung negativer Leistungsbewertungen in Stress geraten, der ihre Leistungen tatsächlich sinken lässt. Dieser Effekt wurde wissenschaftlich nachgewiesen. Teilte man Männern und Frauen mit sehr guten Mathematikkompetenzen vor einem Test mit, dass dieser Test üblicherweise geschlechtsabhängige Ergebnisse bringt, schnitten Frauen schlechter ab. Gab es vorher den Hinweis, dass dieser Test bisher keine Geschlechtsunterschiede erbracht hätte, lösten Frauen und Männer alle Aufgaben gleich gut.[154]

Diese Forscher*innen schlussfolgerten, dass das Stereotyp, Mädchen seien schlechter in Mathematik, dazu führen kann, dass Mädchen sich weniger mit Mathematik identifizieren. Deshalb interessierten sie sich für Mathematik allgemein oder ein Studium mit mathematischem Schwerpunkt auch weniger. Es sind Effekte, die wir in

Deutschland bei allen möglichen Fächern feststellen können, für die starke gesellschaftliche Stereotype existieren – etwa die Annahme, Frauen seien schlechter in Technik und IT.

Das jüngste Vorurteil zur Mathekompetenz ist übrigens die Behauptung, dass »im Durchschnitt« zwar Jungen und Mädchen gleich kompetent wären, aber dass Jungen mehr Ausreißer in beide Richtungen hätten, also mehr Matheversager und mehr Mathegenies. Kein Wunder, nach dieser Theorie, dass es nie eine Frau geschafft hat, den »Nobelpreis« der Mathematik, die Fields-Medaille, zu gewinnen. Allerdings ist auch diese Behauptung als Vorurteil widerlegt. Im Sommer 2014 wurde mit Maryam Mirzakhani einer 37-jährigen Iranerin als erster Frau die Fields-Medaille und damit die Anerkennung als »Beste*r Mathematiker*in der Welt« zuteil. Jürg Kramer, der Chef der Deutschen Mathematikervereinigung, kommentierte das mit dem Satz: »Intelligenz ist zwischen den Geschlechtern gleich verteilt.«[155] Eine Schwalbe macht noch keinen Sommer, können Skeptiker jetzt sagen, aber Forscher haben das Märchen von der genetisch verursachten Ungleichverteilung der Extremleistungen auch empirisch widerlegt. In Tschechien haben Jungen und Mädchen identische Leistungskurven, die Forscher*innen fanden jedoch auch Länder, in denen es mehr Mädchen bei den überdurchschnittlichen Matheleistungen und mehr Jungen bei den unterdurchschnittlichen gab, und Länder, in denen es umgekehrt war. Nach biologischer Vorbestimmung sieht das nicht aus, sondern nach Auswirkungen unterschiedlicher Bildungs- und Gesellschaftssysteme. Das gleiche Forscherteam fand eine starke positive Korrelation zwischen dem Grad an Gleichberechtigung in einem Land

(Gender Gap Index) und dem Anteil an Mädchen, die in den jeweiligen Nationalmannschaften der Top-60-Länder an der Internationalen Mathematikolympiade teilnahmen. Je gleichberechtigter ein Land, desto mehr Mädchen qualifizierten sich für diesen Wettbewerb.[156]

Das Märchen von der angeborenen Rosa-Präferenz bei Mädchen kann ich auch nicht mehr hören. Es ist gerade hundert Jahre her, da schrieb man kleinen Jungs die Farbe Rosa und kleinen Mädchen das Hellblau zu.[157] Hundert Jahre! Und wir tun, als sei das die Ewigkeit. Marketing erzeugt Nachfrage, und in einem wegen niedriger Geburtenraten schrumpfenden Markt müssen neue Absatzmärkte erschlossen werden. Was ist da cleverer, als zu verhindern, dass Kinderkleidung, Babyausstattung und Spielzeug für Mädchen und Jungen gleichermaßen genutzt werden können? Kaum eine Abteilung mit Kinderbedarf, egal ob es Neugeborenenausstattungen oder Lego ist, die nicht alles streng nach Geschlechtern sortiert hat.

Ich bin so nicht groß geworden. In der DDR war alles nur nach Alter sortiert. Rosa gab es kaum, Kinderkleidung hatte praktische Farben. Auch mein West-Lego bestand aus Steinchen in nur vier Farben – Rot, Weiß, Blau und Gelb. Man konnte alles daraus bauen. Auch auf Experimentierkästen waren Mädchen abgebildet. Selbst bei »Der kleine Schwachstromelektriker« strahlte ein Mädchen von der Verpackung. Von einer Matheschwäche bei Mädchen hatte ich bis nach der Wende noch nie gehört. Ich hätte es auch kaum geglaubt, denn an den Schulen, die ich besuchte, widersprach die Realität dieser Annahme. Aber ich kannte auch keine sprechende Barbiepuppe, die den Satz »Mathe ist schwierig« plapperte[158], und nirgendwo gab es T-Shirts für dreijährige

Mädchen, auf denen »In Mathe bin ich Deko« stand, wie sie 2013 bei OTTO zu kaufen waren (bis Proteste dazu führten, dass sie aus dem Sortiment verschwanden).[159]

Unzählige Untersuchungen belegen den Einfluss von Stereotypen im sozialen Umfeld auf die Entwicklung bestimmter Verhaltensweisen. Wir verhalten uns rollenkonform, denn das lernen wir früh. Fast alle Eltern, Verwandte, Erzieher*innen und Lehrer*innen sind natürlich überzeugt davon, alle Kinder gleich zu behandeln. Aber auch das ist nachweislich in den meisten Fällen falsch. Wir finden nur die unterschiedliche Behandlung so normal, dass wir sie nicht einmal mehr bemerken.

So wurde das Baby-X-Experiment schon mehrfach mit ähnlichen Ergebnissen durchgeführt. Ein Baby in einem neutralen Strampler wird dabei ein paar Minuten mit Testpersonen beiderlei Geschlechts allein gelassen. Die Testpersonen sind in drei Gruppen eingeteilt. Einer Gruppe stellt man das Baby als Mädchen vor, einer anderen als Junge, bei der dritten Gruppe werden keinerlei Angaben zum Geschlecht gemacht. Was passiert nun, wenn zur Beschäftigung eine Puppe, ein Beißring und ein kleiner Fußball in den Raum gelegt werden? Glauben die Testpersonen, es mit einem Mädchen zu tun zu haben, spielen sie vor allem mit der Puppe, denken sie, es sei ein Junge, spielen sie vor allem mit dem Ball. Beim »neutralen Baby« verteilte sich die Spielzeugauswahl fast gleichmäßig auf die drei Spielzeuge.[160] Niemand wird wohl behaupten, das drei Monate alte Baby hätte eigene Präferenzen kommuniziert. In ähnlichen Experimenten ließ sich beobachten, dass mit vermeintlich männlichen Babys auch anders kommuniziert wird als mit vermeintlich weiblichen, sie wurden auch anders gehalten. Mit »Mädchen« sprach man leiser und sanfter, man ging mit ihnen körperlich vorsichtiger um, während man »Jungen« lauter ansprach, sie eher hochwarf und dynamischer bewegte.[161]

So wird jeder Mensch von Tag eins an vom eigenen Umfeld geprägt. Selbst wenn Eltern das Kunststück vollbrächten, alle eigenen unbewussten Unterschiede auszuschalten und Töchter wie Söhne gleich zu behandeln, blieben ihre Kinder einem permanenten Einfluss durch die restliche Umwelt ausgesetzt. Kinder lernen schnell, soziale Normen zu identifizieren. Sie passen sich diesen Normen an und erfüllen die Erwartungen, die das Umfeld an sie stellt. Diese Eindrücke, die bestimmte Zuschreibungen vermitteln, sind nicht zu kontrollieren. Es sind die anderen Menschen, die ein Kind kennt oder beobachtet, und alle Abbildungen überall, alle Produkte – vom Spielzeug bis zur Kleidung, die Inhalte von Kinderfilmen, Kinderbüchern, Kinderliedern. Sie wirken auf die Selbsteinschätzung von Jungen und Mädchen und beeinflussen ihre Leistungen, Präferenzen, Berufswahl und später ihre Karrierechancen. Mit Genen hat das jedoch wenig zu tun.

Wir können unsere biologistischen Vorurteile ganz einfach auf den Prüfstein stellen: Weist eine Eigenschaft oder Verhaltensweise überall auf der Welt und zu allen Zeiten in der Vergangenheit und Gegenwart gleichartige geschlechterbezogene Unterschiede auf, dann ist an der Biologietheorie möglicherweise etwas dran. Aber wenn es zu anderen Zeiten oder an anderen Orten nennenswerte Abweichungen von der erwarteten Geschlechterzuschreibung gibt, dann ist die Gentheorie widerlegt. Röcke und Kleider etwa wurden zu anderen Zeiten und werden in anderen Regionen dieser Erde auch von Männern häufig getragen. Frauenanteile an Studierenden der MINT-Fächer variieren je nach Land drastisch, Ada Lovelace hat die erste Programmiersprache erfunden, und die ersten sechs Computer-Programmierer in den USA waren allesamt weiblich.[162] Lehrer und Sekretär war früher eine Männerdomäne, heute zählen sie zu den klassischen Frauenberufen. In Russland sind im Durchschnitt 46 Prozent des Senior Managements mit Frauen besetzt, selbst in der Türkei sind es über 30 Prozent. Japan kommt aber nur auf fünf Prozent. In Deutschland wird nur jedes zehnte Unternehmen von einer Frau geführt, in Australien jedes dritte.[163] Endlos könnte man diese Reihe fortsetzen. Mit genetischen Prädispositionen auf Basis des Geschlechts sind solche Varianzen schlicht nicht erklärbar.

Und nur so als Randnotiz: Auch mit Y-Chromosom kann man eine Frau werden. Denn im Mutterleib sind alle Babys weiblich angelegt, erst nach ein paar Wochen sorgt das Gen SRY dafür, dass bei den Föten mit Y-Chromosom die Produktion männlicher Hormone beginnt sowie die Entwicklung von Hoden und Penis und damit die Umwandlung von Mädchen in Jungen. Ist das SRY-Gen defekt, wächst der (noch) weibliche Fötus zu einem Mädchen heran – trotz Y-Chromosom. Aber es gibt in der Natur noch viele andere Spielarten, die belegen, dass es gar nicht in jedem Fall eine genaue Geschlechtszuordnung gibt. Die binäre Vorstellung von »weiblich vs. männlich und dazwischen gibt es nichts« ist nicht mehr zeitgemäß. Biologisches Geschlecht und soziales Geschlecht können darüber hinaus voneinander abweichen. Je starrer Geschlechterstereotype sind, desto schwieriger ist es für Menschen, die den Schwarz-Weiß-Schubladen von männlich/weiblich nicht entsprechen, mit den widersprüchlichen Erwartungen umzugehen, die an sie gestellt werden. Sie können nicht einfach so sein, wie sie sind.

FAZIT · Der Einfluss der Gene auf unsere Präferenzen ist geringer, als allgemein angenommen wird. Der Variantenreichtum innerhalb eines Geschlechts ist meist höher als Unterschiede zwischen den Geschlechtern. Viel stärker ist unsere soziale Prägung. Jedes Kind ist unzähligen Einflüssen ausgesetzt, es gibt daher (bisher) auch keine Chance, ein Kind frei von Geschlechterstereotypen zu erziehen.

Alles Quatsch, schuld sind die Rahmenbedingungen!

Realitätscheck: Brauchen wir einfach noch mehr Kitaplätze?

Keine Frage, fehlende Kinderbetreuung hält vor allem viele Mütter davon ab, wieder arbeiten zu gehen oder ihre Arbeitszeit wunschgemäß aufzustocken. Ihre Flexibilität und Mobilität ist durch Kinder eingeschränkt. Deshalb ist es auch toll, dass es endlich mehr Kindergartenplätze gibt. Wenn wir damit durch sind, so glauben viele, ist Geschlechtergerechtigkeit endlich hergestellt. Aber halt, es bleibt doch noch ein großes ABER. Eigentlich sogar mehrere.

Warum ist Kinderbetreuung Frauenaufgabe und warum ist es okay, dass nur ihr Arbeitsleben von fehlenden Kitaplätzen beeinträchtigt wird? Geteilte Betreuungsarbeit ist der halbe Aufwand. Würden sich Männer mehr beteiligen, wäre das Problem auch ohne Kitas nur halb so groß. Natürlich braucht es trotzdem Kitaplätze, denn alle Eltern, die sich einen guten Betreuungsplatz wünschen, sollen ihn auch bekommen, und das nicht nur von acht bis zwölf Uhr und auch nicht erst ab einem Kindesalter von drei Jahren. Aber bis dahin ist es noch ein weiter Weg.

Doch nehmen wir einmal an, es gäbe Kita- und Hortplätze für alle Kinder, deren Eltern das wünschen – so wie es in den ostdeutschen Bundesländern fast überall ist. Der Blick in den Osten unterstützt das Argument, denn dort liegt der Gehaltsunterschied nicht bei 22, sondern nur bei acht Prozent. Der Anteil der in Vollzeit erwerbstätigen Mütter ist viel höher als im Westen des Landes, genau wie der Anteil von Frauen in Führungspositionen. Managerinnen im Osten bekommen häufiger Kinder als im Westen. Frauen aus dem Osten nennen für all das aber noch ganz andere Gründe als nur die besser verfügbare Kinderbetreuung. Es wird vor allem betont, dass es gesellschaftlich akzeptiert ist, auch als Mutter kleiner Kinder arbeiten zu gehen. Rabenmütter gibt es im Osten nicht. Ostdeutsche Väter nehmen häufiger Elternzeit.

Das bringt uns direkt zum nächsten Aber: Wenn fehlende Betreuungsplätze das Hauptproblem sind, wo sind dann all die kinderlosen Frauen in Führungspositionen? Es gibt tatsächlich mehr Frauen ohne Kinder auf westdeutschen Karriereleitern, aber insgesamt ist der Frauenanteil – egal ob mit oder ohne Kind – sehr klein. Kinderlosigkeit ist im Westen zwar noch hilfreich für eine Frauenkarriere (und das ist ein Skandal!), aber auch sie ist kein Garant für den Aufstieg ganz nach oben. Außerdem bedenkenswert: Viele Führungskräfte werden in fortgeschrittenem Alter berufen. Aber wie lange behindern fehlende Kitaplätze eine Frau innerhalb einer geschätzt 40-jährigen Berufslaufbahn? Warum sollte eine 55-jährige Fachfrau weniger geeignet sein für eine verantwortungsvolle Aufgabe, nur weil sie zwei Jahrzehnte früher ein paar Jahre wegen Kindern kürzer trat? Das wäre (und ist) eine unverständliche Diskriminierung aufgrund einer zeitlich begrenzten familienbedingten Berufsunterbrechung, die verbunden ist mit der Geringschätzung all der Kompetenzen, die bei Familienarbeit erworben werden.

FAZIT · Ja, fehlende Kinderbetreuung benachteiligt faktisch Frauen im Berufsleben. Ausreichend gute und verfügbare Kinderbetreuung ist daher eine wichtige Voraussetzung für mehr Geschlechtergerechtigkeit – aber bei Weitem nicht genug.

Realitätscheck: Fehlt es uns nur an Geduld?

Wer kennt ihn nicht, den Mythos, dass rechtliche Benachteiligungen nun abgeschafft sind und hoch qualifizierte Frauen nur noch ein wenig Zeit brauchen, um in den oberen Führungsetagen anzukommen? Eine McKinsey-Studie widerlegte dieses Argument, indem sie untersuchte, was aus den Frauen geworden ist, die vor 35 Jahren Abschlüsse an Universitäten diverser europäischer Länder erworben haben. In keinem der beobachteten Länder lag der Frauenanteil in Vorständen 2010 auch nur annähernd in der Höhe des Anteils damaliger Absolventinnen. Selbst in Schweden wurde aus einem Studentinnenanteil von über 60 Prozent in den 70er-Jahren Jahrzehnte später nur ein Managerinnenanteil von 17 Prozent. Überträgt man den Verlust weiblicher Talente auf heutige Studentinnenanteile, dann werden wir auch 2040 nicht mehr als vier bis 18 Prozent Frauen in Vorständen haben.[164]

Die Entwicklung des Frauenanteils in Dax-Vorständen in den letzten Jahren zeigt sogar einen Rückschritt. Die Reduktion der weiblichen Dax-30-Vorstände von 15 (2012) auf zehn (bis Juli 2014) entspricht immerhin einem Rückgang um ein Drittel. Wir sind damit wieder bei fünf Prozent angekommen. Da waren wir vor Jahren schon. Auch beim Gehaltsunterschied tut sich nichts. Es sind und bleiben knapp über 20 Prozent. Seit Jahrzehnten. Auch die berufliche Segregation hat sich kaum verändert. Immer noch gibt es Ausbildungsberufe mit ein Prozent Frauenanteil (Anlagenmechaniker Sanitär-, Heizungs- und Klimatechnik) oder mit einem Prozent Männeranteil (zahnmedizinische Fachangestellte). Bei den ausgeübten Berufen gibt es noch dramatischere Segregationen, zum Beispiel Baumaschinenführer mit 99,8 Prozent Männeranteil und Sprechstundenhilfen mit 99,2 Prozent Frauenanteil.

FAZIT · Warten bringt nichts. Die Zahlen verändern sich offenbar nicht, solange die Stereotype so bleiben, wie sie sind. Die Fortschritte in der Bildungsteilhabe von Mädchen übersetzen sich auch durch längeres Warten nicht in einen nennenswerten Zuwachs an Chancengleichheit. Wer für Warten plädiert, sabotiert den Fortschritt. Veränderungen müssen wir aktiv anstoßen.

Realitätscheck: Muss nur die Politik die richtigen Weichen stellen?

Wenn Warten nicht hilft, muss es dann die Politik richten, die uns bis jetzt noch mit ewig gestrigen Gesetzen wie Betreuungsgeld, Ehegattensplitting und kostenfreier Ehegattenmitversicherung in alte Rollenmodelle zwingt?

Tatsächlich prägt der Staat die gesellschaftlichen Verhältnisse enorm. Immer wieder wird die Bundesregierung daher auch von der EU formell kritisiert und aufgefordert, eine Individualbesteuerung einzuführen und das Uraltkonstrukt Ehegattensplitting abzuschaffen. Wie die kostenlose Mitversicherung unterstützt es die früher häufigere Hausfrauenehe, denn arbeiten zu gehen rechnet sich in vielen Familien für die Frauen nicht – jedenfalls nicht kurzfristig, insbesondere wenn zusätzliche Kosten für die Kinderbetreuung und eigene Krankenversicherung anfallen. Und welche Familie macht schon eine Rechnung über die Lebenseinnahmen auf, wenn die Entscheidung Wiedereinstieg ja oder nein bzw. Teilzeit oder Vollzeit zu treffen ist?

Ein gleich verdienendes Paar erhält durch die Heirat keinerlei Vorteil mit dem Ehegattensplitting. Ein Paar mit maximalem Einkommensunterschied, bei dem ein Partner 100 Prozent und der andere nichts zum Haushaltseinkommen beiträgt, erhielte über das Ehegattensplitting die maximal mögliche Steuerförderung. Wie kann es sein, dass mit Steuergeldern der Unterschied und damit ein langer Ausstieg besonders honoriert werden? Zumal eine lange Familienpause eine der Hauptursachen für lebenslange Einkommensunterschiede bis hin zur Rente ist. Da Frauen häufig in einer Ehe das niedrigere Einkommen erzielen, ist durch das Splittingverfahren die durchschnittliche steuerliche Belastung von Ehefrauen-Einkommen bis zu den mittleren Einkommenshöhen mehr als doppelt so hoch wie die von Ehemännern mit gleichem Einkommen.[165]

Auch viele andere staatliche Regelungen zementieren Ungerechtigkeiten. Das hohe Armutsrisiko Alleinerziehender – 90 Prozent sind Frauen – hat auch rechtliche

Ursachen, da der gesetzliche Unterhalt nicht am tatsächlichen Bedarf der Kinder orientiert ist und bei Ausfall von Unterhaltsleistungen der Staat viele Mütter im Stich lässt. Auch steuerrechtlich sind Alleinerziehende im Nachteil, es fehlt ein Entlastungsbeitrag, wie der frühere Haushaltsfreibetrag für Alleinerziehende – er wurde schon vor mehr als zehn Jahren abgeschafft. Nicht einmal von Kindergelderhöhungen profitieren die ärmsten Alleinerziehenden, denn sie werden auf Hartz IV angerechnet.[166]

Es fehlen effektive Regelungen, die die Überwindung klassischer Benachteiligungsmuster beschleunigen, und zwar überall: in Wirtschaft, Wissenschaft, Kunst und Kultur und in der eigenen »Branche« – der Politik und Verwaltung. Existierende Regelungen wie das Gremiengesetz für den öffentlichen Dienst werden nicht durchgesetzt. Regelungen wie ein wirksames Quotengesetz für Aufsichtsräte und Vorstandsposten in der Wirtschaft entstehen gerade erst. Vorgaben in der Vergabe von Fördergeldern oder Aufträgen, durch Einfordern von Transparenz zum Beispiel bei Gehaltsunterschieden in Unternehmen fehlen noch ganz. Wie eine Regelung Verhalten verändern kann, sehen wir am Elterngeld. Seit der Einführung der »Vätermonate« im Jahr 2006 ist der Anteil Elternzeit nehmender Väter von 3,5 Prozent auf aktuell etwa 29 Prozent angestiegen – in wenigen Jahren.

FAZIT · Der Staat könnte tatsächlich eine Menge bewirken, wenn er seinen Verfassungsauftrag – das Herstellen von Geschlechtergerechtigkeit – ernst nimmt. Der Handlungsbedarf ist bekannt, doch umgesetzt werden geschlechtergerechte Regelungen nur sehr langsam, vielleicht weil auch im Parlament nach wie vor mit großer Mehrheit Männer sitzen, die noch dazu in eher konservativen Familienverhältnissen leben.

Dennoch sollten wir niemals vergessen, dass wir keine Marionetten sind. Die Verantwortung allein der Politik in die Schuhe zu schieben, würde uns aus der Pflicht entlassen, selbst Verantwortung zu übernehmen und Geschlechtergerechtigkeit einfach in unserem Umfeld zu leben.

Selbst wenn es ein Ehegattensplitting gibt, heißt das nicht, dass ein Paar tatsächlich gezwungen ist, eine Hausfrauenehe zu führen, nur weil das Steuervorteile bringt. Fairness sollte unabhängig von der Steuererklärung eine Rolle in der Paarbeziehung spielen. Elternzeit hätten Väter auch schon vor den Vätermonaten nehmen können, keine Regelung hielt sie je davon ab. Traurig auch, dass man Unternehmen offenbar gesetzlich dazu zwingen muss, wenigstens einen Mindeststandard an Gleichberechtigung einzuhalten. Unternehmen könnten das auch einfach von selbst tun. Bei Alleinerziehenden stellt sich die Frage, warum die Väter nicht von selbst ausreichend Unterhalt zahlen und warum es eigentlich (fast) immer die Mutter sein muss, die das Kind nach einer Trennung erzieht. Auch meine Beziehung mit dem Kindsvater ging in die Brüche. Aber wer Geschlechtergerechtigkeit ernst meint, muss auch das Sorgerecht teilen wollen, und zwar nicht nur auf dem Papier. Wir haben uns acht Jahre lang beide im zweiwöchentlichen Wechsel gleich viel um unser Kind gekümmert. Unterhaltszahlungen fielen dadurch keine an. Frauen sollten nicht mehr automatisch davon ausgehen, dass sie sich nach einer Trennung allein um die Erziehung kümmern. Auch in unserem Rechtssystem ist noch sehr oft die Auffassung verankert, dass sich Mütter von Natur aus besser um Kinder kümmern können. Aber auch das ist ein Stereotyp.

III.

Butter bei die Fische: Wie geht Geschlechtergerechtigkeit?

Schluss mit den Schuldzuweisungen!

Seit Jahrzehnten dreht sich die Debatte um Geschlechtergerechtigkeit viel zu sehr um die Schuldfrage. Dabei geht der Trend in Richtung Schwarz-Weiß-Malerei. Die unterschiedlichen Akteur*innen haben alle ihre Lieblingserklärung, und eines ist dabei stets klar: Schuld sind immer die anderen. Mal sind es Old Boys, mal die feigen Frauen, mal ein paternalistischer Staat und mal die böse Wirtschaft mitsamt stereotyper Prägungen durch Werbung, Bildung, (Kinder-)Filme und -Bücher.

Was hoffentlich den Leser*innen dieses Buches klar geworden sein dürfte: Das Meiste davon ist richtig, aber nichts davon allein. Denn das Problem der Geschlechtergerechtigkeit ist von komplexer Natur, und für ein komplexes Problem gibt es selten simple Lösungen.

Die Aufgabe ist groß und kann nur bewältigt werden, wenn alle Beteiligten die Verantwortung dafür übernehmen. Es gibt niemanden, der oder die nicht Teil der Lösung sein kann, und es braucht in jeder gesellschaftlichen Sphäre eine kritische Masse, um endlich das Ziel einer geschlechtergerechten Gesellschaft zu erreichen. Wir alle müssen die Scheuklappen ablegen und unserer Bequemlichkeit Adieu sagen.

Männer und Frauen, Amtsträger*innen, Politiker*innen, Wissenschaftler*innen, Manager*innen, Künstler*innen – jede*r Einzelne von uns kann im eigenen Umfeld etwas verändern. Deshalb plädiert der dritte Teil dieses Buches für einen gemeinsamen Aufbruch in eine geschlechtergerechte Welt, in der alle Menschen besser leben werden. Meine ganz konkreten Vorschläge sollen Inspirationsquelle sein für eigene Ideen, die über das Beschriebene hinausgehen. Die Empfehlungen richten sich an Politik, Wirtschaft und Medien, aber auch ganz allgemein an Männer und Frauen – ohne Anspruch auf Vollständigkeit. Es gibt so viel zu tun. Nörgeln verändert nichts, unser Handeln schon.

Was kann, soll, muss die Politik tun?

Der Staat kann eine ganze Menge tun, um Gleichberechtigung zu ermöglichen, und über einige dieser Forderungen streiten wir schon seit Jahrzehnten. Es wird Zeit, dass den schönen Worten der Politik an die »Wählerinnen und Wähler« mehr Taten folgen.

Endlich gerechter: Steuerrecht und Sozialsysteme

Ehegattensplitting und kostenlose Mitversicherung von Ehepartnern fördern Ungleichheit in der Partnerschaft und stehen einem egalitären Familienbild im Wege – sie müssen weg!

Darüber hinaus zeigte eine Evaluation aller familienbezogenen staatlichen Leistungen 2014, dass die wirtschaftlichen Vorteile für Familien durch das Ehegattensplitting nur kurzfristig wirken. Langfristig werde die wirtschaftliche Situation der Familie durch die Verdrängung von Müttern aus dem Arbeitsmarkt negativ beeinflusst. Der beste Schutz vor Armutsrisiken sei jedoch die Erwerbstätigkeit beider Elternteile.[167]

Wir brauchen stattdessen endlich eine Individualversicherung und Individualsteuer für Männer und Frauen, unabhängig vom Familienstand, so wie das in vielen Ländern längst Standard ist und auch von Organen der EU seit Jahren von Deutschland gefordert wird. Wissenschaftler*innen errechneten, dass bei einer Einführung der Individualbesteuerung viele Frauen ihre Erwerbsarbeitszeiten aufstocken, Männer ihre jedoch reduzieren würden. Bei etwa 39 Prozent der Familien führe die Individualbesteuerung zu einer familieninternen Umverteilung von Einkommen, was sich positiv auf die Verhandlungspositionen von Frauen auswirken würde. Aufgaben im Haushalt würden gerechter verteilt, selbst der Gehaltsunterschied würde sich verringern, da strukturelle Faktoren wie Teilzeit oder längere Auszeiten bei Frauen abnehmen würden.[168] Steuerliche Familienförderung ist wunderbar, solange sie keine Förderung besonders konservativer und finanziell bereits bessergestellter Eheformen darstellt und solange sie wirklich denen hilft, die Unterstützung am dringendsten brauchen. Das sind zum Beispiel alleinerziehende Mütter und Väter und nicht die kinderlose Hausfrau eines Großverdieners.

Da 90 Prozent des Ehegattensplittings, das sind jährlich etwa 20 Milliarden Euro, Paare in Westdeutschland betreffen und davon vor allem Einverdienst-Ehen mit hohen Einkommen profitieren[169], ist es auch eine generelle Frage der Gerechtigkeit, diese einseitige Subventionierung abzuschaffen. Zum Vergleich: Der Solidarzuschlag für den Aufbau Ost beträgt unter 14 Milliarden Euro im Jahr.

Für Ehegattensplitting und kostenfreie Ehegattenmit-versicherung hat der Staat 2010 fast doppelt so viel Steuergeld ausgegeben wie für die Bereitstellung öffent-licher Kinderbetreuung. Der noch bestehende Mangel an guter Kinderbetreuung könnte also durch eine Um-widmung steuerlicher Mittel endlich behoben werden.

Betreuungsplätze statt Betreuungsgeld

Das Betreuungsgeld, oft liebevoll »Herdprämie« genannt, ist eine weitere fehlgeleitete staatliche Subvention und wieder eine, die vermeintliche Wahlfreiheit für Mütter bietet. Aber dass so viele Mütter nach der Geburt von Kindern zu Hause bleiben, liegt wohl kaum an der feh-lenden Wahlfreiheit, genau das zu tun. Viel häufiger ist der klassische Fall, dass Mütter wieder arbeiten wol-len, aber nicht können, weil es noch immer nicht genug Kinderbetreuung gibt. Allen Anstrengungen zum Trotz ist die Nachfrage immer noch an den meisten Orten zu-mindest in Westdeutschland höher als das Angebot. Die nackte Zahl an Plätzen ist dabei nur ein Teilindikator. Wir brauchen ortsnahe, bezahlbare, qualitativ gute Kin-derbetreuung auch schon für Kleinkinder und mit aus-reichend langen Öffnungszeiten. Kitas, die von acht bis zwölf Uhr geöffnet haben oder über Mittag geschlossen sind, helfen wenig, wenn eine Ganztagsbetreuung ge-wünscht wird, um eine höhere Stundenzahl arbeiten zu können. Im Osten Deutschlands haben viele Kitas von sechs oder sieben bis 18 Uhr geöffnet. Niemand soll oder muss sein Kind so lange dort lassen, aber es ist gut, für die Gestaltung der eigenen Arbeitszeit Flexibilität zu haben.

Erst wenn es überall hinsichtlich Qualität und Quantität ausreichende Kinderbetreuung gibt, die bezahlbar ist, haben Eltern echte Wahlmöglichkeiten. Die notwendige Finanzierung für den Ausbau der öffentlichen Kinderbetreuung kann auch durch Mittel erfolgen, die für das unselige Betreuungsgeld vorgesehen waren. Die werden offenbar ohnehin nicht in der geplanten Menge gebraucht. 300 Millionen waren für 2013 geplant, 55 Millionen wurden in den Bundeshaushalt eingestellt, nicht einmal 17 Millionen Euro wurden ausgezahlt.[170] Die sinnlos im Bundeshaushalt gebundenen Mittel hätten wir dringend dort gebraucht, wo sie echte Wahlfreiheit ermöglicht hätten. Noch dazu hat eine wissenschaftliche Untersuchung[171] offengelegt, dass, wie befürchtet, gerade Kinder bildungsferner Eltern und Kinder aus Familien mit Migrationshintergrund durch den materiellen Anreiz des Betreuungsgeldes von öffentlicher Kinderbetreuung ferngehalten werden, obwohl gerade diese Kinder von frühen Bildungsmaßnahmen besonders profitieren. So gab mehr als ein Drittel aller befragten Eltern ohne Bildungsabschluss »materielle Anreize« als Hauptgrund dafür an, dass ihre Kleinkinder keine Kita besuchten, bei Eltern mit Hauptschulabschluss waren es immer noch knapp ein Viertel, so viele wie bei Familien, in denen Deutsch nicht die Familiensprache ist.

Staatliche Kinderbetreuung ist auch Armutsbekämpfung. Die oben schon zitierte Studie des Bundesfamilienministeriums stellte unter anderem fest, dass Betreuungsmöglichkeiten das Armutsrisiko für Familien mit kleineren Kindern um sieben Prozentpunkte senken. Mehr als 100 000 Mütter mit kleinen Kindern wären ohne Kinderbetreuung nicht berufstätig. Außerdem: Wenn Mütter Vollzeit arbeiten, so die Studie, nehmen sich Väter auch mehr Zeit für ihre Kinder.[172]

Für etliche Eltern, vor allem für Mütter, stellt der Übergang vom Kindergarten in die Grundschule eine erneute Herausforderung bei der Vereinbarkeit von Arbeit und Familie dar. Hatte frau Glück und einen Ganztagskitaplatz, der diesen Namen verdiente, dann hat sie mit der Grundschule möglicherweise Pech und eine Schule erwischt, in der an manchen Tagen nur drei bis vier Stunden Unterricht stattfinden und öfter Stunden ausfallen – kurzfristig und ohne Ersatz. War der Vollzeitarbeitsplatz mit einer guten Kita problemlos vereinbar, geht das mit so einer Grundschule nicht mehr. Mindestens bis zum Alter von zwölf bis vierzehn Jahren sind daher Ganztagsschulen mit einem sinnvollen Nachmittagsprogramm einschließlich Hausaufgabenbetreuung erforderlich, um Eltern wirkliche Teilhabe am Arbeitsmarkt zu ermöglichen. Mir geht es dabei nicht um Ganztagsschulzwang, sondern wie bei öffentlicher Kinderbetreuung um ein qualitativ und quantitativ ausreichendes Angebot an derartigen Schulplätzen. Föderalismus hin oder her, es kann nicht sein, dass die Teilhabechancen vor allem von Müttern am Arbeitsmarkt davon abhängen, in welchem Bundesland ihr Kind eine Schule besucht, nur weil bei uns Bildung Ländersache ist. Diese gesamtgesellschaftliche Verantwortung gehört auch auf die Bundesebene, dazu müssen dann eben Gesetze angepasst werden.

Allein erziehen – ohne Armutsrisiko

Das skandalöse Armutsrisiko der (zu 90 Prozent weiblichen) Alleinerziehenden ist zu beseitigen. Alleinerziehende (egal welchen Geschlechts) haben eine besondere Belastung zu tragen. Dem hat der Gesetzgeber Rechnung zu tragen etwa durch einen höheren steuerlichen Entlastungsbetrag, der auch die Anzahl der Kinder einbezieht. Unterhaltssätze müssen sich am tatsächlichen Bedarf eines Kindes ausrichten, und Kindergelderhöhungen dürfen weder auf Hartz-IV-Sätze noch auf Unterhaltsvorschüsse angerechnet werden, um Kinderarmut wirksam zu verringern. Sonst kommen diese Erhöhungen genau dort nicht an, wo sie am dringendsten benötigt werden: bei den Ärmsten, die in diesem Fall in überwältigender Mehrheit Frauen und Kinder sind. Der Staat muss konsequenter einspringen, wenn Unterhaltspflichtige nicht oder ungenügend zahlen. Eine Einschränkung dieses »Ausfallschutzes« auf Kinder unter zwölf Jahren sowie seine zeitliche Begrenzung sind unsinnig und müssen aufgehoben werden.

Mindestlohn ohne Hintertürchen

Frauen beziehen überdurchschnittlich oft Niedriglöhne, was Konsequenzen für die Bezahlbarkeit von Kinderbetreuung, den Erwerb eigener Rentenansprüche, für die wirtschaftliche Unabhängigkeit von Dritten und last but not least für die Wahrnehmung des Werts von »Frauen-Arbeit« hat. Ein Mindestlohn verringert Gehaltsnachteile für Frauen in den unteren Einkommensgruppen und verbessert damit ihr Einkommen sofort und langfristig. Zumindest in den unteren Einkommensgruppen dürfte bei einem angemessenen Mindestlohn der Unterschied zwischen »schlecht bezahlten Männerberufen« und »noch schlechter bezahlten Frauenberufen« wegfallen.

Der Mindestlohn muss flächendeckend sein und für alle Branchen gelten. Die Weichen dafür sind politisch gestellt. In der Umsetzung dürfen Tricks jedoch nicht dazu führen, dass reale Stundenlöhne doch wieder unter dem Mindestlohn liegen, etwa weil nicht nach Stunden, sondern nach Quadratmetern Putzfläche bezahlt wird und für die Stundenberechnung unrealistische Akkordleistungen die Norm bilden. Auch eine massive Umwandlung von Angestellten in Scheinselbstständige, für die ein Mindestlohn nicht gilt, ist effektiv zu verhindern.

Transparente Gehaltsunterschiede

Alle Unternehmen ab 50 Mitarbeitern sollten verpflichtet werden, Löhne und Gehälter ihrer Mitarbeiter*innen in aggregierter Form, mit Bandbreite, Durchschnitt und Median[173] unterteilt nach Geschlecht zu veröffentlichen. Dabei können Schwellenwerte sicherstellen, dass keine Rückschlüsse auf die Gehälter einzelner Mitarbeiter*innen möglich sind. So sollte es keine Aufschlüsselung nach Geschlecht geben, wenn zu wenige Mitarbeiter*innen in einer Vergleichsgruppe arbeiten, um die Anonymität zu gewährleisten. Alternativ ist ein Entgeltinformationsfreiheitsgesetz denkbar, nach dem zwar keine generelle Veröffentlichungspflicht, aber dafür ein individueller Anspruch aller Angestellten auf Auskunft zur

Entgeltgleichbehandlung besteht. Dieser Anspruch muss eine Einordnung der eigenen Entgelthöhe im Vergleich zur gesamten Bandbreite gezahlter Gehälter für vergleichbare Tätigkeiten im Unternehmen ermöglichen, also das niedrigste und höchste Gehalt, das Durchschnittsgehalt und den Median umfassen.

Mehr Transparenz in der Höhe von Gehältern hilft unterbezahlten Mitarbeiter*innen (häufig Frauen), besser über ihr Gehalt zu verhandeln, und macht das Ausmaß der Entgeltungleichheit sichtbar. Transparenz ist einer der wirksamsten Mechanismen gegen jede Art von Ungerechtigkeit, denn viele Menschen stellen keine Forderungen, weil ihnen der Grad ihrer Ungleichbehandlung nicht bekannt ist. Auch Interessenvertretungen könnten mit stärkeren Positionen und harten Fakten in Verhandlungen treten, wenn Entgeltungleichheit auf Unternehmensebene sichtbar wird. Besondere Wirkung dürfte mehr Entgelttransparenz allerdings in den nicht-tariflich ausgehandelten Arbeitsverhältnissen entfalten.

Bei Fach- und Führungskräften hängen Gehaltsvereinbarungen nicht nur von der Qualifikation ab, sondern auch davon, wie Arbeitgeber den »Wert« von Kandidat*innen am Arbeitsmarkt einschätzen, und Frauen gelten nach wie vor qua Geschlecht als billiger.

Kaum ein Unternehmen dürfte zugeben, dass es Männer und Frauen ungleich bezahlt. Dennoch passiert genau das in den meisten Firmen und selbst in Behörden. Viele Führungskräfte dürften von den Zahlen ihres eigenen Unternehmens überrascht sein und erhalten so für sich selbst Benchmarks, mit denen sie arbeiten können. Aus der dann vorhandenen Kenntnis des Status quos lassen sich klare Zielvorgaben ableiten und mit einem Datum verbinden – erst dann sind eine wirksame Erfolgskontrolle und Maßnahmen zur Korrektur (wenn der Erfolg ausbleibt) möglich. Es sollte mindestens für Großunternehmen eine Veröffentlichungspflicht zum Status der Entgeltgleichheit, der Veränderung zur letzten Berichtsperiode und zu beschlossenen Maßnahmen zur Verringerung von Entgeltungleichheit in jedem Jahresabschlussbericht geben. Dies muss erst recht gelten für Unternehmen mit öffentlicher Beteiligung.

Darüber hinaus darf die Offenlegung des eigenen Gehalts nie zu Sanktionen führen. Dies hat US-Präsident Obama im April 2014 für alle Vertragspartner von Bundesbehörden als Auflage verfügt – es betrifft in den USA 28 Millionen Arbeitnehmer*innen.[174] Seine Motivation dafür war allein die Reduktion von Gehaltsunterschieden durch mehr Gehaltstransparenz.

Arbeit gerecht bewerten

Gemeinsam mit den Tarifparteien muss der Staat objektive Kriterien erarbeiten, mit denen der Wert von Arbeit neutral bestimmt werden kann. Erst so wird der Vergleich gleichwertiger Arbeit möglich und damit Transparenz hinsichtlich der unterschiedlichen Bezahlung gleichwertiger Arbeit geschaffen. Auch hier gilt: Die Kenntnis der Ungleichheit ist die Voraussetzung für ihre Bekämpfung. Bisher werden Rollen mit vergleichbaren Anforderungen häufig unterschiedlich tariflich eingruppiert, das ist per se ungerecht. Besonders häufig ist diese unterschiedliche Eingruppierung jedoch davon abhängig, wie viele Männer und wie viele Frauen in einem bestimmten Beruf arbeiten. Je höher der Frauenanteil, desto niedriger der Tariflohn, scheint die ungeschriebene

Regel. Wenn es Sonderzuschläge wegen schweren Hebens, Schmutz und Geruchsbelästigung in der Industrie gibt, warum dann nicht auch in der Altenpflege, wo Angestellte ebenfalls schwere Lasten heben und unappetitliche Aufgaben erledigen müssen?

Warum zählen darüber hinaus psychische Belastungen wie im Lehrerberuf oder Sozialdienst weniger im Vergleich zu physischen Belastungen, obwohl sie ebenfalls gesundheitsgefährdend und immer häufiger Ursache für Arbeitsunfähigkeit sind? Früher unterschied man nach »schwerer« und »leichter« Arbeit, weil Arbeit in den überwiegenden Fällen körperliche Arbeit war. In einer Wissens- und Dienstleistungsgesellschaft ist diese Kategorisierung hinfällig. Wir brauchen neue Wege, Arbeit zu klassifizieren, und dafür gibt es bereits jede Menge neuer Ansätze. Alle Tarifverträge gehören auf den Prüfstand. Jeder Einzelne muss auf geschlechtsspezifische Benachteiligungen untersucht werden. Die Prozesse, bei denen Tarife neu verhandelt werden, müssen transparenter werden, Bewertungskriterien jederzeit nachvollziehbar sein. Frauen müssen bei solchen Verhandlungen angemessen beteiligt sein. Das alles ist heute äußerst selten der Fall, und das trägt zur Lohnungleichheit bei. Politik kann dafür Vorgaben machen. Die öffentliche Hand sollte auch selbst mit gutem Beispiel vorangehen: Ungleichbezahlung feststellen und offenlegen, eigene Tarifverträge überprüfen lassen und anpassen, Ziele festlegen und kommunizieren, bis wann gleicher Lohn für gleichwertige Arbeit überall dort die Regel sein wird, wo der Staat Einflussmöglichkeiten hat.

Eins für alle: Verbandsklagerecht

Verbände müssen das Recht bekommen, Fälle von Diskriminierung rechtlich zu verfolgen, um die Belastung eines solchen Verfahrens für Betroffene zu reduzieren und die Anzeige- und Erfolgswahrscheinlichkeit zu erhöhen. Die hohe Dunkelziffer ist vor allem auch eine Folge der Nachteile, die eine allein klagende Frau erwarten. Allerdings liegt sie auch an mangelnder Transparenz, zum Beispiel bei der Entgeltungleichheit. Das Verbandsklagerecht muss daher eng geknüpft sein an die Forderung nach Veröffentlichungspflichten und Auskunftsrechten für Interessenvertretungen und Verbände. Diesen nicht öffentlichen Auskunftspflichten sollten Unternehmen jeder Größe unterliegen, um eine Klage, auch als Verbandsklage, möglich zu machen und gleichzeitig die persönlichen Daten Dritter zu schützen.

Mehr Sanktionen für Diskriminierung

Tarifpartner spielen eine entscheidende Rolle, und natürlich soll weiterhin die Tarifautonomie gelten. Aber etwa zwei Drittel aller Betriebe und Arbeitgeber*innen sind gar nicht an Tarifverträge gebunden, und außerdem sollten auch Tarifpartner Grundrechte achten. Aus beiden Argumenten folgt zwingend, dass der Staat seine Pflicht zum aktiven Einsatz für Geschlechtergerechtigkeit, der sich aus Artikel 3 des Grundgesetzes ergibt, ernster nehmen muss als bisher. Sowohl gesetzliche Regelungen als auch ihre Umsetzung und Sanktionierung bei Verstößen sind aktuell ungenügend und ganz offensichtlich nicht geeignet, um zum Beispiel Diskriminierung bei der Entlohnung zu verhindern. Hier ist mehr Staat gefragt, denn Freiwilligkeit allein hat bisher wenig gebracht. Tarifpartner auf beiden Seiten sind häufig einfach blind für das Problem, und wo schon die Erkenntnis und Sensibilität dafür fehlen, ist es mit einer effektiven Bekämpfung der Ungleichheit nicht weit her.

So sollte jederzeit ein staatliches Audit erfolgen können, wenn die Transparenzangaben eines Unternehmens eine Gehaltsdiskriminierung vermuten lassen. Dabei muss die Beweislast aufseiten der Unternehmen liegen, die nachweisen müssen, dass nennenswerte geschlechtsbezogene Gehaltsunterschiede nichts mit Diskriminierung zu tun haben, sondern auf andere neutrale Gründe zurückzuführen sind. Kann dies nicht nachgewiesen werden, müssen empfindliche Sanktionen Unternehmen dazu zwingen, in einer angemessenen Zeit derartige Missstände abzustellen.

Selbst ist der Staat: Geschlechtergerechtigkeit vorleben

Wasser predigen, aber Wein saufen – das kennt man von der Politik, und es trifft auch zu, wenn es um die Einhaltung des Artikels zur Gleichberechtigung geht, der schon seit 1949 in unserer Verfassung steht.

Denn weder ist der Anteil von Frauen in Führungspositionen oder Gremien angemessen noch ist Entgeltgleichheit im öffentlichen Sektor erreicht. Auch gleichberechtigte Teilhabe an politischen Ämtern und Mandaten ist keinesfalls gegeben. In wirtschaftlichen Unternehmen mit öffentlicher Beteiligung sieht es teilweise schlechter aus als in der Großindustrie.

Geschlechterquoten sollte es daher in allen Bereichen geben, auf die Politik und Verwaltung Einfluss haben: für Aufsichtsräte, Vorstände sowie vergleichbare Rollen, in Behörden, Ministerien, Eigenbetrieben, nachgeordneten Behörden, in Betrieben mit staatlicher Beteiligung etc. Am Land Berlin kann man sehen, wie schnell Veränderungen erreichbar sind. Auch dort lag noch im Jahr 2008 der Frauenanteil in Vorständen von Unternehmen mit Mehrheitsbeteiligung des Landes nur bei circa fünf Prozent. Nach einer Quotenregelung stieg er auf über 20 Prozent im Jahre 2012. Der Frauenanteil in Aufsichtsräten, die vom Land Berlin besetzt werden konnten, betrug Mitte 2013 sogar schon 43 Prozent.[175] Von Besetzungsproblemen oder Beschwerden über mangelhafte Qualifikationen war im Zusammenhang mit der Quotenregelung nichts zu hören. In Berlin hat man sogar eine Frauenquote für Einstellungen bei der Müllabfuhr erfolgreich eingeführt.

Die öffentliche Hand ist nicht nur gesellschaftliches Vorbild, sie würde schlicht durch ihre Dimension als Arbeitgeber enorme Veränderungen erreichen. Zum einen durch den hohen Wettbewerbsdruck, den wirklich geschlechtergerechte Arbeitsplätze in der Verwaltung auf andere Branchen ausüben könnten (und das gilt nicht nur für Frauen), als auch rein quantitativ, denn jede vierte hoch qualifizierte Frau in Deutschland arbeitet im öffentlichen Sektor.[176] Ohne darauf angewiesen zu sein, dass andere Branchen irgendetwas etwas tun, könnten Millionen von Frauen ohne Diskriminierung am Arbeitsplatz leben, mit gleichen Karrierechancen und ohne geschlechterbezogenen Gehaltsunterschied – wenn der Staat seiner eigenen Verantwortung endlich gerecht würde. Die im Abschnitt zur Wirtschaft für Arbeitgeber beschriebene Vorgehensweise zur Umsetzung von Geschlechtergerechtigkeit ist auch auf staatliche Stellen anwendbar.

Immerhin hat die Bundesregierung auch eine Reform des Bundesgleichstellungsgesetzes angekündigt, die dazu führen würde, dass Unternehmen mit Mehrheitsbeteiligung des Bundes erstmals ebenfalls dem Gesetz unterliegen, auch wenn sie keine öffentlich-rechtlichen Aufgaben ausüben. Das beträfe dann auch Firmen wie die Deutsche Bahn, die zu 100 Prozent in Bundesbesitz ist. Die Reform beinhaltet auch die Pflicht zur regelmäßigen Veröffentlichung eines Gleichstellungsplans, in dem für alle Führungsebenen klare Ziele für den Frauenanteil genannt werden müssen. Ein jährlicher Gleichstellungsindex soll die Gleichstellungsindikatoren für die obersten Bundesbehörden enthalten.[177] Eine Reform des Bundesgremiengesetzes soll endlich zur Umsetzung des dort schon lange erklärten Zieles der paritätischen Besetzung von Bundesgremien führen, indem die Zuständigkeit des Gesetzes präzisiert und unter anderem konkrete Geschlechterquoten benannt werden.[178] Im Laufe des Jahres 2015 soll das Gesetz in Kraft treten – so der Plan. Es enthält hoffentlich auch Sanktionen, sonst wird es wieder ein zahnloser Tiger.

Her mit der Quote für die Wirtschaft!

Handlungsbedarf aufseiten des Staates bedeutet natürlich nicht, dass Politik so lange nichts nach außen regeln soll, wie nach innen Geschlechtergerechtigkeit nicht vollständig hergestellt ist. Denn der Handlungsauftrag, der sich aus der Verfassung ergibt, bezieht sich auf die gesamte Gesellschaft.

In der Wirtschaft sind Frauen nach wie vor stark benachteiligt. Alle Arten schöner Erklärungen und freiwilliger Vereinbarungen haben wenig gebracht. Ohne die leidige Krücke Quotengesetz für die Privatwirtschaft geht es offenbar nicht. Nach langem Hängen und Würgen, heftigen Forderungen selbst aus den Frauenreihen von CDU/CSU und intensivem Druck vonseiten der SPD schrieb sich die Große Koalition 2013 tatsächlich eine Quote in den Koalitionsvertrag. Ab 2016 soll sie gelten[179], allerdings nur für mickrige 108 aktiennotierte Unternehmen und nur für ihre Aufsichtsräte, die bei den nächsten jeweils anstehenden Besetzungsrunden eine Geschlechterquote von mindestens 30 Prozent erfüllen müssen – aber immerhin.

Für weitere 3500 mitbestimmungspflichtige Großunternehmen soll es ab 2015 eine Art Flexiquote mit Zielvorgaben für einen höheren Frauenanteil in Aufsichtsräten, aber auch im Vorstand und in den obersten Führungsebenen geben, die allerdings von diesen Unternehmen selbst festgelegt werden. Das hört sich für mich so an, als würde man AKW-Betreibern sagen, sie sollten doch selbst festlegen, bis wann sie aus dem Atomstrom aussteigen wollen. Aber wer weiß, vielleicht funktioniert ja die Kombination aus fester Quote für Aufsichtsräte und Flexiquote für Vorstände. Ich bin froh, dass endlich überhaupt eine leidlich verbindliche Regelung getroffen wurde.

Norwegen hat vor Jahren als Erstes gezeigt, dass eine gesetzliche Quote ein wirksames Mittel ist, um in kurzer Zeit einen nennenswerten Anteil von Frauen etwa in Aufsichtsräten aktiennotierter Unternehmen zu erreichen. Die auch dort im Vorfeld heftige Debatte ist inzwischen völlig verstummt, denn praktisch alle Argumente der vehementen Gegner haben sich in der Praxis in Luft aufgelöst. Der prophezeite Untergang norwegischer Unternehmen blieb aus. Die Befürchtung, man müsse dann leider nur noch nach Chromosomensatz, aber nicht mehr nach Eignung einstellen, prägt ja auch hierzulande die Debatte. Aber von Norwegen wissen wir inzwischen, dass nach Erreichen der 40-Prozent-Quote das durchschnittliche Qualifikationsniveau in den Aufsichtsräten sogar gestiegen ist. Die alte Leier, es gebe einfach nicht genug qualifizierte Frauen, hat ausgespielt. Dennoch waren es viele Maßnahmen in Norwegen, die zum Erfolg führten: Dazu gehörten Datenbanken mit geeigneten Kandidatinnen, Mentoringprogramme, Weiterbildungsangebote, aber auch eine zuerst in staatlichen Unternehmen geltende feste Quote. Wirtschaft und Regierung zogen am Ende an einem Strang, die Datenbanken etwa wurden von Industrieverbänden aufgesetzt und gepflegt.

Die geplante 30-Prozent-Quote der Regierungskoalition ist ein Kompromiss zum Anfang, sinnvoller ist ein 40-Prozent-Mindestanteil für jedes Geschlecht in Aufsichtsräten aller aktiennotierter Unternehmen und ein 30-Prozent-Mindestanteil in ihren Vorständen, da die Eingriffsmöglichkeiten des Staates bei Vorständen erheblich geringer sind als bei Aufsichtsräten.

Der schöne Nebeneffekt einer Quote: Die übliche Praxis der »Entsorgung« früherer Vorstandsmitglieder in den Aufsichtsrat wird notgedrungen eingeschränkt. Der Austausch unter Vorständen à la »Ich geh in deinen Aufsichtsrat und du in meinen, und wir hacken uns gegenseitig kein Auge aus« wird erheblich erschwert. Die höhere Vielfalt in deutschen Spitzengremien wird zu mehr Objektivität insbesondere bei Aufsichtsratsmandaten führen und damit zu besserer Corporate Governance. Davon haben am Ende alle etwas. Es geht ohnehin nicht nur um eine Potenzialentfaltung auf der höchsten Ebene, sondern um den Abbau von Barrieren auch in den darunter liegenden hierarchischen Ebenen, bis hin zu einer geschlechtergerechteren Arbeitskultur in der gesamten Organisation. Das lässt sich am ehesten Top-Down erreichen.

Die in Teil I schon erwähnte Journalistinnen-Vereinigung »Pro Quote« nennt zehn Gründe, warum eine Quote für die Machtverteilung in Medien sinnvoll ist. Diese Argumente sind weitgehend übertragbar auf jede andere Branche und so gut, dass sie einen hervorragenden Abschluss dieses Abschnitts bilden:

1. 98 Prozent der Chefredakteure deutscher Tageszeitungen und die meisten Entscheider in TV- und Hörfunksendern sowie Online-Redaktionen sind Männer. Warum? Die Quote gleicht diesen Missstand aus.

2. In den Führungspositionen sitzen nicht die Besten der Branche, sondern die Besten aus den Buddy-Netzwerken. Erst die Quote schafft echten Wettbewerb.

3. Die Quote beendet die Herrschaft der Lauten und modernisiert die Führungskultur.

4. Trotz Selbstverpflichtung zur Frauenförderung hat sich in den vergangenen zehn Jahren wenig verbessert. Jetzt hilft nur noch die Quote, die gläsernen Decken zu sprengen.

5. Männer fördern bevorzugt Männer. Eine verbindliche Quote ist ein Hilfsinstrument für Chefs, die eingeprägten Muster zu überwinden.

6. Frauen sorgen nachweislich für mehr Effizienz in Führungsteams. Davon profitieren alle.

7. Gemischte Führungsteams sind kreativer, der Kommunikationsstil verändert sich. Auch davon profitieren alle.

8. Konferenzen werden kürzer. Die Quote schont die Nerven.

9. Frauen in Führungspositionen sorgen für eine familienfreundlichere Arbeitskultur. Das dient Müttern wie Vätern.

10. Bessere Witze, mehr Vielfalt, mehr Begeisterung, mehr Inspiration. Qualität kommt von Quote.[180]

Staatliche Gelder geschlechtergerecht einsetzen

Auch Aufträge der öffentlichen Hand können zur Durchsetzung von Geschlechtergerechtigkeit beitragen. Das ist nach EU-Rechtsprechung eine erlaubte Positivdiskriminierung, um Benachteiligungen und Fehlentwicklungen auszugleichen. Die Wirtschaftskraft des Steuergeldes sollte als Druckmittel genutzt werden. Nur Unternehmen, die bestimmte Mindestkriterien erfüllen, dürfen demnach bei der Vergabe berücksichtigt werden. Ausnahmen sollte es nur für kleine und mittlere Unternehmen geben. So kann der Staat dort wirken, wo es durch eine direkte gesetzliche Vorgabe nicht geht. Wer diese Einmischung nicht wünscht, muss den Staat ja nicht als Vertragspartner wählen, der freie Markt ist groß genug. Von der öffentlichen Hand muss man erwarten dürfen, dass ethische Kriterien die Ausgaben beeinflussen. Neben Umweltkriterien, dem Verbot von Dumpinglöhnen oder der Förderung von Kleinunter-

nehmen sollte auch Geschlechtergerechtigkeit dazuge-
hören.

Das gleiche Prinzip sollte angewandt werden für alle
Arten der Vergabe von Fördergeldern und Subventionen.
Es ist unerklärlich, warum staatliche Filmförderung oder
Museen massiv Werke von Männern finanzieren, aber
kaum Frauen in den Genuss solcher Fördergelder kommen. Um angemessene Repräsentanz beider Geschlechter sollte es immer gehen, auch wenn sicher nicht immer
und überall eine 50-Prozent-Regel anwendbar ist. Immer
und überall sollte jedoch der Blick dafür geschärft werden, wie Finanzen der öffentlichen Hand dafür genutzt
werden, bestehende Geschlechterungerechtigkeiten weiter zu zementieren oder aber politisch dagegen zu wirken. Der notwendige erste Schritt ist auch hier die Transparenz über Ungleichgewichte.

Ein Beispiel? Staatliche Sportförderung: Eine Analyse, wie viel Jugendsportfördergelder Jungen zugute-
kommen und wie viel Mädchen, fördert mitunter sehr
erstaunliche Ergebnisse zutage. Da Sport für alle Kinder und Jugendlichen eine feine Sache ist, sollten Mädchen nicht benachteiligt werden. Genderbudgets können
Transparenz schaffen über die Auswirkungen öffentlicher Haushalte auf die Geschlechter und damit die Möglichkeit, Mittelverteilungen bewusst gerechter zu gestalten.

Auch was das Gedenken, Anerkennen, Erinnern betrifft, muss der Staat geschlechtergerechter handeln. Dass
von 251 321 seit 1951 vergebenen Bundesverdienstor-
den nur 14 Prozent an Frauen verliehen wurden[181], und
von allen je vergebenen höherrangigen Großkreuzen und
Großen Verdienstkreuzen mit Stern und Schulterband
sogar nur sieben respektive acht Prozent[182], ist nicht län-

ger hinnehmbar. Seit einigen Jahren gibt es wenigstens eine 30-Prozent-Frauenquote für das geringerwertige Bundesverdienstkreuz – aber sie wird nicht einmal jedes Jahr erreicht.

Die aus Bundesmitteln finanzierte Bundesstiftung Aufarbeitung betreibt unter anderem die Zeitzeugendatenbank zur DDR-Geschichte (www.zeitzeugenbuero.de). Sie wird von Journalist*innen ebenso wie von Bildungseinrichtungen genutzt. Die Zeitzeug*innen sind sortiert nach Bundesländern und Themen wie »Kultur und Medien«, »9. November 1989« oder »Ausreise, Grenzerfahrungen«. Man sollte meinen, dass bei mehr als 50 Prozent weiblichen DDR-Bürgern für jede Rubrik Zeitzeuginnen zu finden sind. Aber unter den 293 Zeitzeug*innen waren im Sommer 2014 nur 20 Prozent weiblich. In meinem Bundesland Brandenburg war ich neben elf männlichen Zeitzeugen die einzige Frau. Es mag sein, dass Männer lieber von sich selbst und ihren Erfahrungen erzählen. Aber für eine Organisation, die sich Aufklärung, Bildung und differenzierte Erinnerung auf die Fahnen geschrieben hat und die vom Staat gefördert wird, darf das keine Ausrede sein. Geschichte mit einem überwiegend männlichen Blickwinkel zu betrachten, blendet die Lebenswirklichkeit von Frauen in der Vergangenheit aus, marginalisiert die Bedeutung ihrer Erfahrungen und Sichtweisen, reduziert ihre Sichtbarkeit. Das bleibt nicht ohne Auswirkungen auf die Gegenwart und die Zukunft. Für eine solche Datenbank müssen dann eben gezielt mehr Frauen angesprochen werden. Sicher freut sich diese Organisation auch über Vorschläge von außen.

Von Steuergeldern wird auch viel Kunst gekauft, zum Beispiel für staatliche Kunstsammlungen oder als

Schmuck für öffentliche Gebäude. Die damit geschaffene Sichtbarkeit und Nachfrage ist für die angekauften Künstler*innen eine Aufwertung und beeinflusst ihre weiteren Erfolgschancen. Aber wohin man schaut, enthalten Kunstsammlungen mehrheitlich Kunst von Männern. Für das Landesmuseum Münster habe ich einmal durchgezählt, wer die Schöpfer des jeweiligen »Kunstwerk des Monats« waren – von 2000 bis 2012. Nur vier Prozent Künstlerinnen standen 77 Prozent Künstlern gegenüber (die restlichen 19 Prozent waren vor allem kunsthandwerkliche Gegenstände mit unbekannter Herkunft oder Künstler*innen, die nicht namentlich bekannt waren).[183]

Selbst der mit 50 000 Euro dotierte Deutsche Nationalpreis (Schirmherr ist der Bundespräsident) wurde erst ein einziges Mal an eine Frau vergeben – von 26 Ehrungen seit seiner ersten Verleihung 1997, im Kuratorium sitzen sieben Männer (darunter der Bundesfinanzminister) und eine Frau.[184] Man muss es mit dem Zählen ja nicht übertreiben, aber ich möchte alle öffentlichen Einrichtungen und Einkäufer dazu aufrufen, sich doch einmal da, wo es sinnvoll ist, die Empfänger*innen ihrer Förderungen und Ehrungen genauer anzuschauen und bewusst darauf zu achten, dass keine derart eklatanten Missverhältnisse mehr auftreten. Wer eine geschlechtergerechte Verteilung öffentlicher Mittel anstrebt, der kommt um das Messen der Verteilung nach Geschlecht nicht herum.

Geld ist Macht. Geld kann Barrieren einreißen oder aufrechterhalten. Das gilt auch für unsere Steuergelder, die von uns allen kommen. Der Staat kann (und sollte) daher auch in solchen Fällen Einfluss nehmen. Das fängt bei der Zusammensetzung von Gremien an, die über

Fördermittel und Ankäufe entscheiden, und muss vor allem eine Qualitätskontrolle einschließen, die sicherstellt, dass öffentlich finanzierte Bildung, Kultur, Sport oder Sonstiges ein Geschlecht nicht (unangemessen) bevorzugt bzw. benachteiligt. Kurz gesagt: Politik ist fast immer an die Verteilung von Ressourcen gebunden. Auch dort, wo staatliche Vertreter*innen Einfluss auf Mittelvergaben haben, die nicht direkte Steuergelder sind, müssen sie ihr Gewicht für die Gerechtigkeit einsetzen. Politische Strategien und deren Verknüpfung mit materiellen Ressourcen können die Benachteiligung eines Geschlechts verstärken, zementieren oder aber verringern. Die öffentliche Hand muss viel mehr als bisher dazu beitragen, politische Ziele wie die Geschlechtergerechtigkeit umzusetzen.

Was kann, soll, muss die Wirtschaft tun?

Geschlechtervielfalt als Unternehmensstrategie

Es mag vielen Manager*innen vielleicht nicht bewusst sein, aber Geschlechtervielfalt ist ein wirtschaftlich relevantes Kriterium, daher ist es wie jedes andere strategische Ziel zu behandeln, nicht anders als die Steigerung eines Marktanteils. Die nachfolgenden Erfolgsfaktoren gelten sinngemäß für alle Organisationen:

1. Ermittlung des Istzustands: objektiv und transparent gemessen, in harten Zahlen. Er ist (mindestens) intern zu veröffentlichen.

2. Klare Zieldefinition: Was soll bis wann erreicht sein? Zielvorgaben müssen messbar und kontrollierbar sein. Sie leiten sich ab von Status quo und Benchmarks, die sich an den besten (vergleichbaren) Werten unter Berücksichtigung etwaiger gesetzlicher Vorgaben orientieren sollten. Jedes Ziel ist mit einem Zeitpunkt für die Zielerreichung zu versehen. Ein Ziel ohne Datum ist wertlos. Diese Ziele sind (mindestens) intern zu veröffentlichen.

3. Deutliches CEO-Bekenntnis: Die Führungsspitze einer Organisation muss sichtbar, glaubwürdig und ernsthaft hinter dem Ziel stehen. Belegschaft und Außenwelt merken sofort, wenn Erklärungen nur dem Zeitgeist geschuldete Lippenbekenntnisse sind. Das Scheitern ist in solchen Fällen vorhersagbar. Welche Rolle dabei die höchste Führungsebene spielt, hat eine McKinsey-Studie nach Analysen in verschiedenen Ländern nachgewiesen:[185]

»Jede größere Veränderung in der Kultur, Produktion oder Strategie eines Unternehmens verlangt persönliche Leidenschaft, ›eigenen Einsatz‹ und eine Vorbildrolle auf Seiten der Führungsspitze, Geschlechtervielfalt bildet dabei keine Ausnahme. Wenn ein CEO der wichtigste Fürsprecher ist, werden mehr Menschen (einschließlich der oft weniger überzeugten männlichen mittleren Manager) an die Relevanz glauben und beginnen, die Überzeugung und das Verhalten des CEO zu übernehmen. Wirklich überzeugte CEOs kommunizieren ihre Ziele klar und spezifisch, sie teilen sie jedem mit, sie bringen andere Führungskräfte ins Boot und sie managen Personalressourcen so, dass sie dazu beitragen, diese Ziele zu erreichen.«

Genau diesen Weg geht die Deutsche Telekom bisher erfolgreich. Für viele andere Unternehmen lässt sich nach dieser Messlatte schnell feststellen, woran es wohl liegt, dass es beim erklärten Wunsch nach mehr Geschlechtervielfalt bleibt.

4. Verantwortliche benennen: Sie sind persönlich für die Erreichung des Ziels zuständig. Sie definieren Unterziele und verteilen die Verantwortung innerhalb der Organisation nach unten. Sie begleiten den Prozess auf allen Ebenen, sind primäre Ansprechpartner und kommunizieren nach innen und nach außen. Sie müssen mit ausreichend Budget, personellen Ressourcen und Kompetenzen ausgestattet sein, um ihre Ziele erreichen zu können.

5. You Get What You Measure: Der Grad der Zielerreichung wird anhand von Zahlen, Daten und Fakten regelmäßig erfasst und mit dem Plan verglichen – bei Abweichungen erfolgen Konsequenzen: Ursachenanalyse und eine Anpassungen von Verantwortungen, Ressourcen und Maßnahmen. Ohne harte Fakten, die regelmäßig gemessen und mit Zielen abgeglichen werden, bleibt es bei weicher Rhetorik, die selten zum Ziel führt. Zielerreichungen können intern breit veröffentlicht werden – je nach Abteilung und Geschäftsbereich, inklusive der üblichen Ampelfarben, um leicht erkennbar zu machen, wo es besser läuft und wo nicht.

6. Konsequenzen für Ergebnisse: Bei Erreichung des Ziels gibt es Anerkennung und anderweitige Belohnung. Eine

Behinderung der Umsetzung wird sanktioniert. Zielverfehlungen müssen in Abhängigkeit von den spezifischen Ursachen die sonst üblichen Folgen haben, zum Beispiel Bonusausfall, Verantwortungsverlust, Beförderungsnachteile.

Maßnahmen, die in Unternehmen zum strategischen Ziel Geschlechtervielfalt auf allen hierarchischen Ebenen beitragen, sind nachfolgend beschrieben.

Sichtbare Rollenmodelle und neue Vorbilder

Mangelnde Vorbilder bremsen die Vorstellungskraft von Menschen, umgekehrt wirken vorhandene Rollenmodelle inspirierend und können eigene Ambitionen wecken. Die Unsichtbarkeit weiblicher Vorbilder wird häufig als Grund genannt, warum schon Mädchen sich ihre Zukunft in engen stereotypen Grenzen vorstellen. Das betrifft Jungen umgekehrt genauso, zum Beispiel, wenn sie nie männliche Kindererzieher oder Grundschullehrer kennenlernen.

Um mehr Frauen in unterrepräsentierten Bereichen zu bekommen, braucht es daher weibliche Rollenmodelle, die in diesen Bereichen erfolgreich sind, aber auch Männer, die klassischen Rollenmustern nicht entsprechen und/oder zum Beispiel vorleben, dass eine andere Work-Life-Balance auch in einer Führungsposition möglich ist. Oft sind Frauen nicht nur ohnehin unterrepräsentiert in bestimmten Funktionen, sondern zusätzlich besonders unsichtbar. Unternehmen sollten daher bewusst Frauen sichtbarer machen – als Rednerinnen auf Veranstaltungen, in Newslettern und Geschäftsberichten, auf

Marketingmaterial des Unternehmens, auf der Website, als Vertreterinnen der Firma in internen und externen Gremien, durch Erwähnung, wenn von ihren Projekten oder Arbeitsgebieten die Rede ist, und auf beliebig viele weitere Arten.

Männer, die aus den typischen Mustern ausbrechen, sollten ebenfalls sichtbarer werden. Es muss offen erkennbar sein, dass Männer, die in Elternzeit gehen, normal sind, keine Nachteile erleben und auch Teilzeit arbeiten können, ohne dass man ihre Karriere abschreibt. Eine besondere Vorbildrolle können Führungskräfte übernehmen, die selbst etwas Neues vorleben. Es wirkt mehr als eine Total-Equality-Award-Urkunde im Foyer, wenn ein Vorstandsmitglied Elternzeit nimmt, ein Bereichsleiter für eine Weile verkürzt arbeitet, ein Projektleiter Meetings pünktlich beendet, weil er seine Kinder von der Kita abholen möchte, oder wenn sich der Vorgesetzte jeden Donnerstagnachmittag seinem Lieblingshobby widmet. Einem solchen Chef – es kann auch eine Chefin sein – nimmt man ab, wenn er oder sie von einer neuen Arbeitskultur im Unternehmen spricht, sie sind eine Inspiration für Frauen und Männer.

Abschied vom Präsenzzwang

Leistung und Präsenz werden immer noch viel zu oft miteinander verwechselt. Präsenz hat gar nicht unbedingt mit persönlicher Hingabe zum Beruf zu tun. Man kann hoch motiviert und sehr leistungsstark sein und trotzdem der Firma um 17 Uhr den Rücken kehren. Man kann genauso gut als Erster kommen und als Letzter gehen und nicht viel zuwege bringen.

Wir brauchen endlich bessere Kriterien, um Leistungen zu bewerten. Das Plattsitzen von Stühlen bringt keinem Unternehmen etwas. Ideal ist ein System der Meritokratie, wo Vorgesetzte und Mitarbeiter*innen regelmäßig – zum Beispiel einmal jährlich – individuelle Ziele gemeinsam festlegen, in überprüfbarer und quantifizierbarer Form. Diese Ziele müssen im eigenen Einflussbereich liegen. Messen kann man auch gutes Management, zum Beispiel durch Feedback der Teammitglieder, Fluktuationsquoten, Personalentwicklung innerhalb des Teams, allgemeine Zielerreichung durch die Abteilung etc. Wenn es bei der Leistungsbewertung nur noch um konkrete Ziele geht, dann spielt es keine Rolle mehr, ob jemand manchmal früher geht oder hin und wieder von zu Hause aus arbeitet. Man braucht keine Stechuhren mehr, eine Vertrauensarbeitszeit reicht.

Flexibilität in Ort und Zeit der Leistungserbringung kommt den unterschiedlichen Interessen von Menschen insbesondere in bestimmten Lebensphasen entgegen. Allein die Bereitstellung von Laptops und die Erlaubnis, an ein bis zwei Tagen zu Hause arbeiten zu können, kann die Ausstiegsdauer von weiblichem Managementnachwuchs nach der Geburt eines Kindes nennenswert verringern und die Anzahl ihrer Wochenstunden erhöhen. Müttern und Vätern soll die Dauer der Elternzeit nicht vorgeschrieben werden, aber die tatsächlich gewünschte Rückkehr soll ihnen strukturell möglich sein.

Frauen landen immer noch viel zu oft in der Schublade »Muttertier«. Gerade mit Kindern scheint eine Karriere erschwert, auch wegen der besonderen zusätzlichen Anforderungen, die eine solche Familiensituation mit sich bringt. Sowohl für weibliche als auch für männliche Mitarbeiter ist es daher ein wichtiges Signal, wenn flexible Arbeitsbedingungen nicht nur schöne Worte auf der Recruitingwebsite sind.

Ich werde nie vergessen, wie positiv beeindruckt ich war, als in einer Telefonkonferenz von Microsoft-Managern auf einmal ein Kleinkind im Hintergrund zu hören war und der damalige National Technology Officer kurz erklärte, dass seine Tochter krank sei und daher nicht in die Kita könne. Seine Frau sei auf Dienstreise, also arbeite er daheim. Alle wünschten der Tochter gute Besserung, dann ging die Telefonkonferenz weiter, niemand fand die Situation unnormal.

Eine gute Führungskraft geht von sich aus auf einen werdenden Vater zu, fragt, wie lange er in Elternzeit gehen möchte, und versichert ihm, dass die Firma für diese Zeit eine Lösung finden wird und man die Qualifikationen schätzt, die er in der Elternzeit erwirbt. Eine gute Führungskraft diskutiert offen die Möglichkeit, Teilzeit oder im Homeoffice zu arbeiten. Mitarbeiter – männliche und weibliche – werden es mit hoher Motivation und Unternehmenstreue danken. Ein männlicher Chef, der Vater geworden ist, sollte seiner Belegschaft zeigen, dass Vatersein heute nicht nur Quality-Time am Wochenende sein muss, sondern auch Quantity-Time in Elternzeit oder am Nachmittag sein darf.

Eine gute Führungskraft signalisiert werdenden Müttern deutlich, dass der Arbeitgeber an gegenseitiger Unterstützung und Flexibilität interessiert ist und dass gerade in dieser besonderen und begrenzten Lebensphase auch freiere Arbeitsmodelle akzeptiert sind. Eine gute Führungskraft erklärt explizit, dass alle Türen weiter offen stehen und dass sich an einer beruflichen Weiterentwicklung durch die Kinder nichts ändern muss, wenn das nicht gewünscht ist. Gute Führungskräfte fragen offen, wie sich die Mitarbeiterin die Zeit nach der Geburt vorstellt und was sie als Vorgesetzte tun können, um den Wiedereinstieg einfacher zu machen und zu einem Zeitpunkt zu ermöglichen, den die Mitarbeiterin wünscht. Wirklich gute Führungskräfte fragen das alles nicht nur, sondern meinen das auch so.

Rigide Arbeitszeitmodelle und die erlebte Inkompatibilität von Teilzeit und Flexibilität mit einer weiteren beruflichen Fortentwicklung sind wesentliche Barrieren für weibliche Mitarbeiter, denn die Belastung durch den ständigen Zwang zur zeitlichen und räumlichen Verfügbarkeit ist in der Praxis für Frauen höher als für Männer. Wenn 90 Prozent befragter Manager und Managerinnen aussagen, dass flexible Arbeitszeitverhältnisse mit einer Spitzenkarriere nicht vereinbar sind[186], dann ist etwas faul in der Wirtschaft – und zwar flächendeckend.

Ein Knick ist kein Nachteil: offene Karrierewege

Heute macht man am einfachsten geradlinig Karriere – damit bekommen Unternehmen jedoch nicht unbedingt die Besten, sondern eher die stromlinienförmigsten Mitarbeiter*innen. Auf der Suche nach den Geeignetsten ist mehr Offenheit gefragt, denn Menschen, die eine Weile in Eltern- oder Pflegezeit waren oder aus anderen Gründen vorübergehend andere Prioritäten im Leben setzten, verfügen nicht automatisch über weniger Talent und Motivation, neue Herausforderungen anzunehmen und dafür auch lebenslang zu lernen – sondern vielleicht sogar über Kompetenzen, die ein*e stromlinienförmige*r Karrierist*in nie erwerben wird. Wer bestimmte

Menschen wie Frauen oder Ältere bei der Personalsuche faktisch ausblendet, handelt betriebswirtschaftlich dumm.

Bei der Deutschen Telekom gibt es bereits Berufseinstiegserleichterungen für alleinerziehende Mütter und Väter durch Ausbildung in Teilzeit, ein Mentoringprogramm für Fach- und Führungskräfte vor, während und nach der Elternzeit, ein Rückkehrrecht zur Vollzeit sowie Arbeitsmodelle, die auch Arbeitstage zu Hause beinhalten. Selbst Führen in Teilzeit ist möglich.[187] So offen kann intelligentes Personalmanagement sein.

Schon lange bewährt: Mentoring

Mentoringangebote gibt es immer noch viel zu wenig, obwohl ihre positive Wirkung unbestritten ist. Mentoring ermöglicht Einblicke in ungeschriebene Regeln und Zugang zu unbekannten Netzwerken. Mentor*innen können ermutigen und zu schwierigen Situationen reflektierend Feedback geben. Sie unterstützen die Karriereplanung und können dazu beitragen, dass man auf mehr relevanten Radarschirmen auftaucht.

Als ich bei Microsoft Deutschland arbeitete, gab es dort die Vorgabe, dass jedes Mitglied der Geschäftsleitung einen weiblichen Mentee bekam. Jeder konnte beliebig viele weitere Mentees haben, solange eine Frau dabei war. Damit wurde 15 fähigen Frauen ein direkter Kontakt zu einem Mitglied der höchsten Führungsebene und die Vernetzung untereinander ermöglicht. War eine Führungsposition zu besetzen, haben die Mentor*innen auch in der Runde dieser Mentees Ausschau gehalten. Das ist es, was ich mit Auftauchen auf dem

Radarschirm meine: Leistung muss an der richtigen Stelle wahrgenommen werden. Gute Mentor*innen sind bestens vernetzt und kennen die internen Strukturen, sie wissen, worauf es ankommt, um wahrgenommen zu werden.

Wenn es um höchste Positionen geht, bietet sich die Beteiligung an einem Cross-Mentoring-Programm an, wie es das Forum Frauen in der Wirtschaft vorlebt. Dort sind mehr als 20 Großunternehmen vernetzt, die über Firmengrenzen hinweg Mentoring-Beziehungen herstellen. In einer Cross-Mentoring-Beziehung können Mentees offener über Probleme, Schwächen und Konflikte mit dem eigenen Management reden, ohne dass es zum Karrierenachteil wird.

Kleinere Unternehmen, die sich durch ein eigenes Mentoring-Programm überfordert sehen, können sich an einem offenen Mentoring-Programm beteiligen, von Stiftungen oder Landesregierungen gefördert. Generell gilt: Ein einfaches Mentoring, bei dem erfahrene Führungskräfte mit dem Nachwuchs für circa ein Jahr enger vernetzt werden, ist immer noch besser als gar kein Mentoring. Und diese Variante ist weder kompliziert noch teuer. Organisationen, die es sich leisten können, sollten jedoch ein klassisches Mentoring anbieten, mit Begleitprogramm und Trainingskomponenten für Mentees und Mentor*innen.

Statt Nachhilfe: Barrieren abbauen durch Personalentwicklung

Frauen brauchen keine Nachhilfe für Führungsaufgaben, weil sie defizitär sind. (Daher finde ich den Begriff »Frauenförderung« auch problematisch.) Dennoch gibt es einige Felder, in denen sich gezielte Trainingsangebote für weibliche Talente bewährt haben – das ist keine Sonderförderung, sondern hilft, Barrieren abzubauen. Diese andere Sichtweise ist wichtig.

In solchen Trainings sollte zuerst ein Bewusstsein für geschlechtsbasierte Unterschiede und ihre Wirkung auf Dritte geschaffen werden. Sie sollten außerdem spezifische Kompetenzen in Kommunikation und Rhetorik, Selbstwahrnehmung, Auftreten und Außendarstellung, Vernetzung und Leadership vermitteln. Weiblich sozialisierten Menschen soll dabei nicht antrainiert werden, sich wie ein stereotyper Mann zu verhalten. Aber Frauen sollen nachteilige Verhaltensweisen, die sie schon als Mädchen durch Sozialisierung erworben haben, erkennen und eine dem Kontext angepasste alternative Verhaltensweise einüben. Das bezieht sich auf objektiv professionelles Verhalten, wie selbstbewusstes Auftreten und rhetorische Fähigkeiten. Frauen müssen aber auch lernen, welche nachteiligen Folgen doppelte Standards für sie haben.

Nachwuchsführungskräfte haben leider oft von der subtilen Wirkungsweise gläserner Decken keine Ahnung. Sie für bestimmte Fallen zu sensibilisieren, ist daher hilfreich. Es macht einen Riesenunterschied, ob eine schwierige Situation erwartet eintritt oder ob frau sich plötzlich und unerwartet auf dem Abstellgleis wiederfindet. Teilnehmerinnen lernen zu erkennen, welche Art kritischer Situationen auf strukturelle und kulturelle Ursachen zurückgehen und mit ihnen als Einzelperson wenig zu tun haben – diese Erkenntnis hilft ihnen, solche Situationen auszuhalten und konstruktiver damit umzugehen. Frauen neigen dazu, kritisches Feedback – sachliches und unsachliches – sehr viel persönlicher und ernster zu nehmen als viele Männer. Sie werden daher weniger leicht entmutigt, wenn sie eine Situation als strukturbedingt erkennen können.

Für Führungskräftenachwuchs gibt es häufig spezielle Trainings, die zugleich Voraussetzung für Beförderungen sind. Wenn Frauen daran unterdurchschnittlich häufig teilnehmen, werden solche Trainings für sie zur Barriere. Bei der Deutschen Telekom hat man deshalb dafür ebenfalls eine Quote vorgegeben. Solange sie nicht erfüllt ist, findet das Training nicht statt. Es dauerte nicht lange, und man hatte sich daran gewöhnt, mehr Frauen für diese Trainings zu nominieren. Ein Baustein der gläsernen Decke war beseitigt.

Einfach mal versuchen: Führung auf Probe

Frauen neigen dazu, eigene Leistungen und Fähigkeiten zu unterschätzen. Gerade wenn es um Führungsaufgaben geht, stellen sie höchste Anforderungen an sich selbst und schrecken mitunter vor dem Risiko zurück, das eine höhere Position mit sich bringt. Die Angst vor dem Scheitern ist auch groß, weil auf Frauen häufig eine besondere Aufmerksamkeit gerichtet ist (Scheinwerfereffekt), leider oft genug mit der Erwartung ihres Scheiterns. Die daraus resultierenden Ängste lassen sich leichter überwinden, wenn es die Möglichkeit gibt, eine Führungsrolle temporär auszufüllen. Das kann für ein zeitlich begrenztes Projekt sein oder als Kranken- bzw. Elternzeitvertretung. Der Vorteil: Danach kann frau ohne Gesichtsverlust auch wieder in die zweite Reihe treten. Bei einer positiven Erfahrung ist die Chance groß, dass die potenzielle Chefin sich auch eine dauerhafte Führungsrolle zutraut. Da diese Führungen auf Probe meistens erfolgreich sind, führen sie zu einem größeren Pool an Frauen, die Lust auf Führung haben.

Netze knüpfen, Kräfte bündeln

Vorbilder wirken dann am positivsten auf die Bereitschaft und Motivation anderer, wenn man sie persönlich kennt. In einer Institution und darüber hinaus vernetzte Frauen können sich untereinander besser austauschen, Fragen stellen, die sie sonst nicht stellen könnten, und sie finden Ermutigung bei Selbstzweifeln, etwa wenn sie sich nicht vorstellen können, wie sie Familie und Karriere unter einen Hut bekommen. Mir hat der Austausch mit anderen Frauen in Frauennetzwerken sehr dabei geholfen, zu lernen, wie man mit bestimmten Situationen umgeht. Die Erfahrungen anderer ließen mich erkennen, welche Probleme und Hürden gar nichts mit mir zu tun haben, sondern Folgen struktureller Ungleichbehandlung sind. Oft wurden bei solchen Netzwerktreffen Ratschläge von erfahreneren Frauen an neue Führungskräfte weitergegeben, Insiderwissen über Anforderungen und Alltag in dieser Rolle geteilt, Unterstützung in kritischen Fällen angeboten.

Unternehmen sollten daher proaktiv solche Gelegenheiten schaffen. Das können firmeninterne Frauennetzwerke sein, die natürlich Ressourcen für das Vernetzen (online und offline) und die Unterstützung des Managements brauchen. Es können aber auch externe Frauennetzwerke sein, bei denen öffentliche oder privatwirtschaftliche Institutionen Mitgliedschaften weiblicher Führungskräfte unterstützen.

Es gibt darüber hinaus viele großartige Netzwerkveranstaltungen in Deutschland und international, die für die Teilnehmerinnen als enormer Motivationstreiber wirken. Dort gibt es jede Menge Workshops, die spezifische Kompetenzen trainieren. Auf Konferenzen wie dem Global Summit of Women oder WIN (Women International Networking) habe ich viele Frauen getroffen, die von ihren Unternehmen entsandt wurden. Die Wirkung einer Teilnahme an solchen Veranstaltungen kann man kaum überschätzen. Firmen machen viel zu wenig davon Gebrauch, wenn es darum geht, weibliche High Potenzials weiterzuentwickeln und für eine Topkarriere zu motivieren. Dabei kosten diese Konferenzen meist nicht mehr als ein x-beliebiges Training.

Intelligenteres Recruiting

Es reicht nicht, in einer Stellenanzeige nach der Berufsbezeichnung das obligatorische m/w in Klammern zu setzen, wenn etwa die Bilder im Recruiting eine andere Sprache sprechen. Eine Kreissparkasse überschrieb ihr Recruitingposter mit »Gestern noch in der Schule – heute schon auf der Karriereleiter!« Darunter ein großes Bild mit einer Leiter, drei Frauen stehen am Boden, zwei Frauen stehen auf der untersten Sprosse, ganz oben stehen zwei Männer, die obendrein identisch gekleidet sind.[188] Im Text darunter ist von angehenden Bankkaufmännern und -frauen die Rede, die sich bei der Sparkasse bewerben sollen. Für potenzielle Bewerberinnen ist die Meta-Botschaft klar: »Arbeiten könnt ihr gern bei uns, aber Karriere ist bei uns was für Männer.«

Als ich bei einer Strategieberatung arbeitete, fand ich den sehr geringen Frauenanteil bei Technologieberatern seltsam. Auf Nachfrage hörte ich, es würden sich nur sehr wenige Frauen bewerben. Ich schaute mir die Recruitingseiten an und erfragte Details zu den Recruitingveranstaltungen der letzten Jahre. Das Ergebnis war ernüchternd. Ich konnte jede junge Frau verstehen, die sich gegen eine Bewerbung entschied. Die letzten Veranstaltungen drehten sich fast alle um Formel Eins, Extrembergsteigen und Fußball. Es stellten sich nur junge Männer mit ihren Karrierewegen auf der Recruitingwebsite vor. Informationstexte enthielten nur männliche Beschreibungen: Studenten, Doktoranden, Absolventen, Berater. Die einzige Frau tauchte in der Rubrik Work-Life-Balance auf, wo eine Beraterin beschrieb, wie sie nach der Geburt ihres Kindes die Beratung verließ, um im Administrationsbereich zu arbeiten. Das war ganz bestimmt genau die Karriere, die sich die von der Firma gewünschten Spitzenabsolventinnen von Top-Universitäten vorstellten: In spannenden Projekten mit großartigen Kollegen arbeiten, dann ein Kind bekommen und leider, leider in den Backoffice-Bereich wechseln, während die Männer weiter Karriere machen.

Es stellte sich heraus, dass das bisher niemandem aufgefallen war. Aber man war offen für Verbesserungen, und bald lasen sich die Recruitingseiten völlig anders. Das Unternehmen ließ nun auch Männer zu Wort kommen, die ein halbes Jahr Elternzeit zwischen zwei Projekten eingelegt hatten, Beraterinnen mit und ohne Kind erzählten von aufregenden Projekten. Man entwickelte sogar neue Recruitingevents mit weniger einseitig ausgerichteten Interessenschwerpunkten. Es gibt ja auch jede Menge Männer, die nicht unbedingt auf Fußball und Formel Eins stehen. Als sich Recruitingevents sogar ausschließlich an weibliche Doktoranden aus den MINT-Fächern wendeten, gab es überraschend viele Bewerberinnen. Die Teilnehmerinnen schätzten den Umstand, sich mit anderen Frauen in ihren männerdominierten Studienfächern zu vernetzen. So oft treffen sich Doktorandinnen aus dem Feld Festkörperphysik im realen Leben eben doch noch nicht.

Der Deutschen Telekom hilft ihr bekanntes Engagement beim Abbau gläserner Decken auch für ein breiteres Recruiting. Das Resultat: Inzwischen sind auch bei den Lehrstellen für technische Lehrberufe mehr als 50 Prozent der Bewerber*innen und Auszubildenden weiblichen Geschlechts.

Als vor einigen Jahren Margret Suckale als damaliger Personalvorstand der Deutschen Bahn ein Recruitingplakat mit einer ICE-Chefin drucken lassen wollte, gab es innerhalb des Unternehmens noch viel Widerstand: Es gebe doch praktisch keine ICE-Chefinnen. Wer so denkt, hat offenbar kein Interesse daran, das zu ändern. Aber selbst bei der Bahn hat sich die Erde weitergedreht. 2012 veröffentlichte das Unternehmen einen Werbespot, in dessen Mittelpunkt eine ICE-Fahrzeugchefin steht, die einem Aufreißer, der an der Bar mit den PS seines Autos angibt, mit beeindruckender Coolness die Daten ihres ICEs nennt. Auf YouTube ist der Spot ein Renner, das Feedback war überwältigend.[189]

Erfolgreiches Marketing funktioniert auch jenseits ausgetretener Geschlechterpfade. Wer Frauen für die Bereiche eines Unternehmens begeistern will, in denen sie noch unterrepräsentiert sind, der muss sie auch direkt ansprechen.

Auch Auswahlprozesse müssen so gestaltet sein, dass sie wenig Raum für Vorurteile lassen. Anonyme Bewerbungen können dazu beitragen. So waren Symphonieorchester lange eine fast oder ganz frauenfreie Zone. Selbst die Berliner Philharmoniker haben erst 1982 (!) die erste Musikerin in ihre Reihen aufgenommen. Das liege nur an der unterschiedlichen Begabung, hieß es, Männer seien einfach besser. Aber irgendwann setzte sich durch, dass Bewerbungsvorspiele hinter einem Vorhang stattfinden. Diese anonyme Auswahl führte zu 30 Prozent Anstieg in der Einstellungsquote von Frauen. Offenbar ging es vorher eben doch nicht nur um die Qualität des Spiels.[190] Das eine oder andere Unternehmen experimentiert in Deutschland bereits mit anonymen Bewerbungen, um die Wirkung von Vorurteilen (nicht nur in Bezug auf das Geschlecht) zu verringern. Ich halte das für den richtigen Weg, auch wenn er häufig nur für die ersten Bewerbungsschritte möglich ist.

Gegen die Lehmschicht:
Geschlechtersensibilität trainieren

In vielen Chefetagen weiß man, dass man aktiv etwas tun muss, um Barrieren für Frauen abzubauen. Aber oft ist der Fokus einseitig auf eine Art »Entwicklungshilfe« für Frauen ausgerichtet. Auch wenn spezielle Trainings für Frauen Sinn machen, ist das nur ein Teil des Weiterbildungsbedarfs. Viele Barrieren, aus denen sich die gläsernen Decken zusammensetzen, liegen außerhalb des Einflussbereichs karrierewilliger Frauen. Vorurteile und geschlechtsabhängige stereotype Bewertungen ihres Verhaltens oder ihrer Kompetenzen finden sich bei Arbeitskollegen oder Vorgesetzten beiderlei Geschlechts, und dort muss man ebenso ansetzen.

Die vielfältigen und komplexen Mechanismen sind den wenigsten Menschen bewusst. Sie merken nicht, wenn sie gleiche Verhaltensweisen unterschiedlich bewerten oder dass sie unterschiedliche Erwartungen an Mitarbeiter*innen haben. Sie vermuten nicht, warum sie diese eine besonders erfolgreiche Kollegin besonders unsympathisch finden oder warum sie Herrn Schulz eine Führungsrolle eher zutrauen als Frau Müller, obwohl eigentlich beide, rational betrachtet, die gleichen Voraussetzungen mitbringen. Sie denken sich nichts dabei, wenn immer die einzige Frau im Team die Protokolle schreibt und dadurch noch seltener etwas sagt als ohnehin. Sie treffen falsche Annahmen und Entscheidungen, weil sie die Karrierepläne von Frauen unterschätzen, nur weil diese weniger darüber reden oder weil sie sich nicht aktiv bewerben. Sie sehen vielleicht die größten Talente in ihren Organisationen nicht, weil sie stiller und unauffälliger sind. Viele haben keine

Ahnung davon, wie oft Frauen im Arbeitsalltag mit Sexismus konfrontiert sind, weil männliche Kollegen, Kunden oder Vorgesetzte sie seltsam anschauen, anzügliche Bemerkungen machen oder sie begrapschen. Ihnen ist nicht klar, wie unterschiedlich die Selbsteinschätzung von Leistungen bei Männern und Frauen im Durchschnitt ist und wie sich das auswirkt auf die Außenwahrnehmung – also auf ihre eigene.

So neigen Männer dazu, ihre eigene Leistung und Leistungsfähigkeit zu überschätzen, bei Frauen ist es umgekehrt. Und was jemand über die eigenen Kompetenzen glaubt, vermittelt sich nach außen.

In einer Studie sollten MBA-Student*innen ihre eigene Leistung im Vergleich zu ihren Kommilitonen bewerten. Ihre tatsächlichen Leistungen entsprachen der Normalverteilung, mit etwa 50 Prozent im Mittelfeld und jeweils 25 Prozent über- und unterdurchschnittlichen Studierenden. Dabei gab es keinen Geschlechterunterschied. In der Selbstwahrnehmung der Studierenden sah es anders aus: 70 Prozent der männlichen MBA-Studenten waren überzeugt davon, besser zu sein als die anderen, wogegen 70 Prozent der weiblichen MBA-Studenten sich für Durchschnitt hielten.[191] Beides war mit der realen Leistung nicht kompatibel. Die verfälschenden Auswirkungen solcher Selbsteinschätzungen lassen sich minimieren, wenn ein Unternehmen eine Meritokratie lebt, eine Leistungskultur, in der Ziele konkret benannt werden und deren Erreichung objektiv feststellbar ist. Je objektivierter eine Leistungsbeurteilung, desto weniger Spielraum gibt es für Vorurteile und Fehleinschätzungen. Gleichzeitig sollte das Bewusstsein über diese Phänomene im Unternehmen breiter bekannt sein, denn die Kenntnis der Faktoren, die auf die eigene Urteilsfähigkeit wirken, reduziert ihren negativen Einfluss.

Über alle diese Dinge muss man miteinander reden. Bei solchen Sensibilisierungstrainings, die am wichtigsten für das mittlere und höhere Management in Organisationen jeder Art sind, stellen oft gerade Männer fest, dass sie ihr Umfeld anschließend ganz anders wahrnehmen. Und ein Problem zu erkennen, ist bereits die wichtigste Voraussetzung für seine Beseitigung.

Der Aufklärungsbedarf ist hoch, denn fast ein Drittel der befragten Manager sieht keine Benachteiligung von Frauen am Arbeitsplatz und 66 Prozent von ihnen finden vermutlich deshalb Maßnahmen, die Barrieren für Frauen abbauen sollen, unfair gegenüber Männern.[192] Von ihnen kann man ohne weitere Aufklärung kaum viel Unterstützung erwarten.

Weg mit Gehaltsunterschieden

Unternehmen, die attraktiv für weibliche Mitarbeiter und fair sein wollen, sollten sich offensiv mit dem Thema geschlechtsbezogener Gehaltsunterschied befassen. Es reicht nicht, davon überzeugt zu sein, dass man »selbstverständlich nicht nach Geschlechtern differenziert«. Kein Unternehmen tut das explizit, und trotzdem belegen alle Untersuchungen, dass es diesen Gehaltsunterschied gibt. Wer überzeugt ist, dass im eigenen Unternehmen gleichwertige Arbeit gleich bezahlt wird, kann das mit Fakten beweisen. Wer sich nicht sicher ist, erhält Klarheit und konkrete Ansatzpunkte, wie der Gehaltsunterschied beseitigt werden kann. Die wenigsten Unternehmen haben dafür eine solide Faktenbasis.

Inzwischen gibt es hilfreiche Werkzeuge, zum Beispiel **www.eg-check.de**, wo konkrete Hilfe zur Datenerhebung und -auswertung für die Überprüfung von Regelungen, Statistik- und Paarvergleiche zu finden ist. Häufig ist Gehaltsdiskriminierung in Zuschlägen und Bewertungen versteckt. Warum etwa soll einem Werkstattleiter mehr Verantwortung zugeschrieben werden als einer Küchenleiterin, von der immerhin die Gesundheit vieler Mitarbeiter*innen abhängt? Unternehmen können prüfen, ob Entgelte für frauentypische Berufe besondere Anforderungen wie hohe Verantwortung für Menschen, ausgeprägte soziale Kompetenz und hohe Stressresistenz bei überdurchschnittlichen psychischen Belastungen gleichwertig berücksichtigen. Sie können feststellen, ob es Männer leichter haben als Frauen, in die nächsthöhere Gehaltsstufe zu gelangen, und ob Leistungszulagen für Männer häufiger und höher vereinbart oder gezahlt werden. Sie können prüfen, ob Überstundenzuschläge Teilzeitkräfte benachteiligen, und last but not least, ob Erschwerniszuschläge diskriminierungsfrei gezahlt werden und etwa schweres Heben im Pflegedienst oder die Konflikthäufigkeit bei Hotlinediensten angemessen berücksichtigt werden.

All diese Gehaltselemente – Grundgehalt, Stufensteigerungen, Leistungsvergütungen, Überstunden- oder Erschwerniszuschläge – können mit diesem praxistauglichen Werkzeugkasten, den Dr. Karin Tondorf und Dr. Andrea Jochmann-Döll entwickelt haben, einzeln untersucht werden.

Ein faires Unternehmen legt die Karten auf den Tisch, zahlt Männern und Frauen für gleichwertige Arbeit das Gleiche und sagt das auch klar an. Einfache Maßnahmen, um Gehaltsunterschiede durch geschlechterbasierte

Differenzen bei (verhandelbaren) Einstiegsgehältern zu vermeiden, sind:

- die klare Ansage, dass ein erstes Angebot eine Verhandlungsgrundlage für das weitere Gespräch ist,
- die offene Kommunikation verhandelbarer Bandbreiten im Gehaltsgespräch,
- kleinere Verhandlungsspielräume bzw. Spielräume, die an klare Kriterien geknüpft sind.

Frauen trauen sich eher, über Gehälter zu verhandeln, und werden seltener für diese Verhandlungsversuche sanktioniert, wenn das Verhandeln auf beiden Seiten als natürlicher Teil des Prozesses verstanden wird. Mit solchen Prozessen können Unternehmen dazu beitragen, geschlechtsbezogene Gehaltsunterschiede zu beseitigen. Das wird zu ihrem langfristigen Vorteil sein und entspricht heutigen ethischen Ansprüchen.

Unternehmerisches Wirken ohne Sexismus

Eigentlich sollte es selbstverständlich sein, aber offenbar hat noch nicht jedes Unternehmen verstanden, dass ein Außenauftritt, der eingerostete Geschlechterstereotype pflegt, auch auf die Belegschaft wirkt und in diesem Sinne sexistische Produkte, Werbung und Marketing ein negatives und entmutigendes Signal nicht nur für Kundinnen, sondern auch für Mitarbeiterinnen sind. Wie wahrscheinlich ist es, wird sich eine potenzielle Bewerberin fragen, dass ein sexistischer Geist nur in der Außendarstellung präsent ist, aber intern ein progressiver Wind weht, der Frauen Chancengleichheit auf ihren Karrierewegen ermöglicht? Wie eine selbstbewusste Bewerberin sich entscheidet, wenn sie die Wahl hat, liegt auf der Hand.

Unternehmen sollten aber nicht nur im eigenen Interesse fortschrittliche Signale in ihrem unternehmerischen Wirken setzen. Letztlich sind Unternehmen Teil unserer Gesellschaft. Sie wirken – ob sie wollen oder nicht – aktiv daran mit, unsere Gesellschaft gerechter und progressiver zu gestalten oder diese Entwicklung zu behindern. Der Begriff Corporate Social Responsibility darf sich jedoch nicht nur auf Sport- oder Kultursponsorships oder umweltbewussteres Handeln beziehen, sondern eben auch darauf, ob ein Unternehmen zur Geschlechtergerechtigkeit beiträgt. Und nein, ich halte das nicht für einen abwegigen Gedanken, auch nicht in einer Marktwirtschaft. Die Praxis zeigt, dass viele auch profitable Unternehmen schon so denken, aber es sind eben noch viel zu wenige und vor allem sehr wenige, die im Bereich Geschlechtergerechtigkeit Verantwortung übernehmen. Entscheider auf allen unternehmerischen Ebenen sollten sich dieser Verantwortung bewusster sein und sich überlegen, welche Welt sie sich für ihre Töchter, Schwestern und Partnerinnen wünschen und ob sie den Fortschritt durch Verstärkung einseitiger Stereotype aktiv behindern wollen. With great power comes great responsibility – mit viel Macht ist auch viel Verantwortung verbunden: Diesen weisen Satz sollten Führungsspitzen öfter zur Kenntnis nehmen. Mit Sexismus Profite zu machen, ist schändlich.

Selbst Lego hat auf Kundendruck reagiert und 2014 ein kleines Set Wissenschaftlerinnen auf den Markt gebracht, das eine Paläontologin, eine Astronomin und eine Chemikerin umfasst. Ganz von allein ist Lego trotz zahlreicher Proteste von Kindern und Eltern nicht darauf gekommen, denn das Unternehmen setzte einfach den erfolgreichen Vorschlag einer Geochemikerin auf der Lego-Ideenplattform um. Im Mai 2012 eingereicht, hatte die Idee elf Monate später mehr als 10 000 Unterstützer*innen gefunden.[193] Ein weiteres Jahr später – im August 2014 – kam es als neues Set endlich auf den Markt und war in Stunden ausverkauft, leider war es nur eine »limited Edition«.[194] Vielleicht lernen Lego und andere Unternehmen ja noch, dass ein modernes Menschenbild auch ein gutes Geschäft sein kann. Bleibt also zu hoffen, dass Lego bald den Anteil weiblicher Minifiguren von neun Prozent in der Lego Cities Serie und fünf Prozent bei den Super Heroes Sets[195] erhöht und nicht länger nur jede zehnte Legoserie (ohne Legofriends) überhaupt eine weibliche Figur enthält![196] Im Jahr 2013 produzierte Lego eine halbe Milliarde Lego-Minifiguren.[197] Eine halbe Milliarde Möglichkeiten, die Welt so vielfältig abzubilden, wie sie ist.

Einfach mal die Frauen fragen

In vielen Unternehmen wird bereits auf höchsten Ebenen gegrübelt, wie man gläserne Decken für Frauen einreißen kann. Eine einfache, aber effektive Methode wird dabei meist vergessen: die Frauen im eigenen Unternehmen explizit zu fragen, was sie stört oder behindert, wo und wie sie sich benachteiligt fühlen, welche Veränderungen sie sich wünschen.

Für diese Befragungen gibt es viele Optionen, online und offline. Wer ehrliche Antworten erhalten will, lässt dabei auch anonyme Beteiligungsformen zu.

Als Frank Mattern der neue CEO von McKinsey Deutschland wurde, dauerte es nur wenige Wochen, bis wir Frauen auf dem Management-Level eine Einladung von ihm bekamen. Er wollte wissen: »Was muss, was kann ich tun, um die Wahrscheinlichkeit zu steigern, dass ihr alle in ein paar Jahren noch bei McKinsey seid?« Nur wenige Monate nach diesem Gespräch führte Frank Mattern einen Kinderbetreuungszuschuss für Kinder unter sechs Jahren ein. Dieser Zuschuss stand auch Vätern offen, sofern sie in Betreuungsverantwortung standen. Später kamen Kinderkrippen als Angebot des Unternehmens für arbeitende Eltern hinzu.

Auch mangelnde Vorbilder und fehlende Vernetzungsmöglichkeiten untereinander hatte ich Frank Mattern gegenüber einmal als Problem benannt, als er noch Chef des Business Technology Office (BTO) war, in dem ich als Engagement Manager arbeitete. Daraufhin ermöglichte er jährliche Vernetzungstreffen für alle Frauen, die im BTO arbeiteten, das waren damals nicht einmal fünfzig. Ich erinnere mich noch sehr gern an das erste dieser Treffen, das gleichzeitig mit einem Direktorentreffen von McKinsey stattfand. Durch diese clevere Planung hatten wir die Gelegenheit, bei einer zweistündigen Mittagspause an jedem Tisch mit einem BTO-Direktor zu sitzen und über alle Hierarchien hinweg direkt aus unserem Alltag zu erzählen. Diese Art Feedback erhalten Direktoren sehr selten, und sie schätzten das. Wir Frauen konnten uns untereinander austauschen, und viele blieben auch noch danach miteinander in Kontakt und suchten Rat in schwierigen Situationen. Das kann ich zur Nachahmung für Unternehmensbereiche mit sehr niedrigem Frauenanteil nur empfehlen.

Was können, sollen, müssen Medien tun?

Mehr Vielfalt auf allen Ebenen

Mitte 2014 konnte der Verein Pro Quote bereits erste Erfolge seiner Aktion vermelden: Die *ZEIT* hat als Erstes der großen Medien das Drittel »Frauenmachtanteil«[198] geschafft. Die früheren Schlusslichter *Süddeutsche Zeitung* und *FAZ* sind inzwischen immerhin auf 15 Prozent geklettert, nur die *WELT* bewegte sich kaum. Dort haben Männer immer noch 90 Prozent der Führungsmacht.[199] Seit Dagmar Reim Intendantin des RBB-Fernsehens ist, hat sie den Frauenmachtanteil dort auf über 40 Prozent steigern können – der Spitzenwert unter allen ARD-Anstalten.[200] Neu in deutschen Chefredaktionen großer Medien finden sich Miriam Meckel *(Wirtschaftswoche)* und Bascha Mika *(Frankfurter Rundschau).*

Diesen Weg müssen wir weitergehen, allerdings mit schnelleren Schritten und überall, nicht nur in einer Handvoll fortschrittlicherer Medien. Frauen brauchen mehr Einfluss in den Führungsetagen unserer Medien, denn dort werden Strategien festgelegt, Ressourcen verteilt, Nachwuchsförderungen entschieden. Wer das Sagen hat, hat auch Einfluss auf die Art und Weise, wie die News gemacht werden und was ihre Schwerpunkte sind. Wer mehr Geschlechtergerechtigkeit in unseren Medien abgebildet sehen will, der muss bei ihren Führungsetagen anfangen – am besten mit einer internen Quote für jedes Medium.

Geschlechtersensible Berichterstattung

Berichterstattung in den Medien folgt starken Geschlechterstereotypen, es fehlt darüber hinaus das Bewusstsein darüber. Erhebungen wie bei der *taz* können Ungleichgewichte erkennbar machen und Ausgleichsmaßnahmen anstoßen. Nachdem sich bei der *taz* herausstellte, dass besonders wenig Frauen im Ressort Sport Artikel beisteuerten (nur zehn Prozent der Texte), schlug ein Chefredakteur und früherer Sportjournalist vor, einen der *taz*-panter-Workshops für Nachwuchsjournalistinnen mit Interesse an Sportberichterstattung zu veranstalten.[201]

Nicht jede Redaktion reagiert so positiv wie die *taz* auf neue Erkenntnisse. Als die *Brandeins*-Leserin Julia Mnsk im Sommer 2014 anmerkte, dass sie nur oder fast nur Männerbilder dort sah (je nach Ausgabe und ohne Werbeabbildungen), schrieb ihr ein Redakteur folgendes zurück:[202]

»Liebe Frau Mnsk, wir sind kein Quotenmagazin, wir suchen nicht nach Männern oder Frauen, wir suchen nach dem interessantesten Gesprächspartner. Nur darauf kommt es an. Wenn wir also viele Männer im Magazin haben, dann ist das ein Spiegelbild unserer Gesellschaft. Nun aber krampfhaft Frauen ins Heft zu heben, erscheint mir nicht die richtige Lösung. Schöne Grüße, Frank Dahlmann.«

Redakteur Dahlmann ist sich offenbar der weißen Flecken auf seinem Radarschirm einfach nicht bewusst. Nach Kritik von weiteren Leser*innen legte er nach:

»Wir sagen in den Themenkonferenzen nie: Lass uns mal eine Geschichte über Person x machen. Welches Thema könnten wir dazu bringen? Sondern: Lass uns über dieses Thema schreiben. Welche Person könnte dazu die besten Aussagen treffen?«

Er hat es einfach nicht verstanden oder nicht verstehen wollen. Frauen, die ihm und seinen Redaktionskollegen nicht einfallen, existieren für ihn objektiv nicht. Er disqualifiziert sie damit alle miteinander als uninteressant und irrelevant, als Menschen, über die zu berichten nicht lohnt.

Aber genau deshalb brauchen wir sowohl die Analyse »Wer schreibt?« als auch mehr Erkenntnisse zu den Folgefragen: »Über wen wird geschrieben?« und »Wie wird über jemanden geschrieben?«. Wir müssen endlich stereotype Muster ins Bewusstsein holen und dann aktiv dagegen arbeiten. Die *Brandeins*-Redaktion hätte diesen wertvollen Hinweis als Ausgangspunkt für eigene Analysen und Debatten nehmen können. Jede Redaktion kann sich die eigenen Produkte vornehmen und einfach einmal zählen, wie viele Frauen und Männer dort zu Wort kommen und beschrieben werden. Das betrifft auch Kunst und Kultur, die über Medien Sichtbarkeit erhalten. Das ZDF sendete einen ganzen Tag lang Konzerte, und erst nachts um drei Uhr kam mit Cindy Lauper die einzige Frau auf die Bühne.[203] Im Sender fiel es nicht einmal jemandem auf, und deshalb ist das Zählen so wichtig. Wir müssen ein deutliches Störgefühl entwickeln, wenn Frauen massiv unterrepräsentiert sind in den Medien.

Wenn jemandem auf die Schnelle keine geeignete Frau einfällt, dann liegt es selten daran, dass es keine gibt,

sondern fast immer daran, dass auf dem eigenen Radarschirm immer wieder (die gleichen) Männer auftauchen.
Gerade nach Talkshows beklagen sich immer häufiger
Zuschauer*innen, dass sie es leid sind, den ewig gleichen Männern zuzuhören. Es wird also den Sendern sicher nicht schaden, die Vielfalt zu erweitern.

Spannende Initiativen tragen bereits dazu bei, dieses Dilemma sichtbar zu machen. So macht der Hashtag
#50prozent auf Twitter auf die Unterrepräsentanz von
Frauen aufmerksam, wenn wieder einmal eine Talkshow,
eine Rankingliste, eine Expertenbefragung, eine Konferenz (viele werden auch von Medienhäusern organisiert) viel zu wenige, nur eine oder sogar keine einzige
weibliche Expertin besetzt hat. Bei Talkshows hat sich
der Hashtag #1FrauTV etabliert, der die selbst in öffentlich-rechtlichen Medien vorherrschende Praxis aufs Korn
nimmt, bei vier bis fünf Gästen nur genau eine Frau
einzuladen. Die negative Steigerungsform ist #0FrauTV
und ist leider auch nicht selten. Ob Günther Jauch oder
Anne Will – der Frauenanteil der Talkgäste war zumindest 2013 praktisch identisch und lag bei etwa einem
Drittel.

Unter **www.goldenermedienpimmel.de** kann man die
Besetzungen deutscher Sendungen im öffentlich-rechtlichen TV eruieren. Kultursendungen wie zdf.kultur-
palast kommen nur auf neun Prozent Frauenanteil,
Sparten wie Satire/Kabarett/Comedy, Sport und Wissen
dümpeln zwischen zehn und 30 Prozent.[204] Die Zahlen
sind also teilweise schon verfügbar, sie müssen aber endlich zu Konsequenzen führen.

Gegenüber dem Tagesspiegel haben sich die Redaktionen der wichtigsten Talkshows erklärt:[205] Anne Will
sieht die Gründe vor allem bei den Frauen – ihr Selbst-

bewusstsein sei geringer, sie zweifelten häufiger an ihrer Kompetenz, hätten aber auch oft andere zeitliche Prioritäten. Moderator Plasberg sah das ähnlich: Männer seien deutlich weniger selbstkritisch als Frauen, daher sagten Männer häufiger zu als Frauen. Die Redaktion von Günther Jauch war differenzierter, eine weibliche Zurückhaltung sah man nicht als Grund. Wenn ich Redaktionen fragte, warum es keine oder nur eine Frau unter Talk-Gästen oder auf Konferenzpodien gibt, war die häufigste Antwort: »Wir haben auch Frauen gefragt, sie haben aber abgelehnt.« Es ist gar nicht so unwahrscheinlich, dass Frauen häufiger als Männer glauben, sie seien für einen öffentlichen Auftritt nicht kompetent genug. Die verzerrte Selbstwahrnehmung der eigenen Kompetenz bei Männern und Frauen ist ja auch in diesem Buch beschrieben worden. Das ändert aber nichts daran, dass sich alle Redaktionen dennoch am Ergebnis messen lassen müssen. Wer ein Interesse daran hat, wirklich nach Kompetenz auszuwählen, der muss diese Art Barrieren überwinden und sich ein wenig mehr Mühe geben, über den eigenen Tellerrand zu schauen. Und wenn ein höherer Anteil angefragter Frauen absagt, muss eben ein noch höherer Anteil Kandidatinnen kontaktiert werden.

Die Suche nach Expertinnen ist heute viel einfacher als früher, zum Beispiel über Datenbanken wie **www.speakerinnen.org**. Jede Expertin, die absagt, kann man nach Empfehlungen für weitere Kandidatinnen fragen. Hört man bei einer Absage Selbstzweifel der Expertin heraus, kann man betonen, dass einem Geschlechtervielfalt in der Sendung wichtig ist und dass man von ihrer Expertise überzeugt ist. Mit jeder Frau, die in einer Talkshow oder auf einem Podium sitzt, wird das Bild normaler, und die angefragten Frauen fühlen sich sicherer.

Aber nicht nur die Anzahl von Frauen ist wichtig, sondern auch, in welcher Rolle sie eingeladen, befragt, beschrieben und abgebildet werden. Noch immer gilt das Schema Opfer = weiblich. Aber auch männliches Leid ist Leid, auch der Tod von Männern ist erschütternd, nicht nur der von Frauen und Kindern. Das gilt für Erdbebenopfer genauso wie für Tote im Gazastreifen. Die meisten Gewaltopfer sind im Übrigen auch in Deutschland männlichen Geschlechts, auch wenn die Nachrichten einen anderen Eindruck vermitteln. Dies ist eines der Beispiele, wo geschlechtersensible Berichterstattung auch für mehr Gerechtigkeit für Männer sorgen kann.

Medien sollten die Gesellschaft nicht einseitiger reflektieren, als sie ist. Frauen auch als Expertinnen und Männer auch als Opfer zu zeigen, kostet nicht einmal etwas und geht schon ab morgen. Vorausgesetzt, Bewusstsein und Wille sind vorhanden.

Her mit der Quote:
Jurys, Preisvergaben, Fördergelder

Zählen hilft fast immer, wenn es darum geht, den Zustand der Gleichberechtigung abzubilden. Feinheiten und Einzelfälle lassen sich damit nicht erklären, aber wer über längere Zeiträume gleichartige Sachverhalte statistisch erfasst, kann belastbare Zahlen über den Status quo erhalten. In dieser Hinsicht ist auch der Blick auf Belohnung und Anerkennung im Mediengeschäft interessant. Denn diese bringen Aufmerksamkeit, und

Aufmerksamkeit ist die Währung der Medien. Die Erfahrung zeigt uns, dass Jurys überwiegend männlich besetzt sind und dass solche Jurys überwiegend männliche Preisträger küren. Mit einer Quotierung der Jurymitglieder packt man das Problem an der Wurzel. Zugleich sollte eine Geschlechterquote für Preise und Förderungen eingeführt werden, zumindest wenn eine nennenswerte Anzahl Preise zu vergeben ist. Sie sollte nicht unter 40 Prozent liegen.

Es braucht endlich auch eine Quote für die Verteilung staatlicher Fördergelder an die Medien, wie sie bereits vor 30 Jahren der Verband der Filmarbeiterinnen forderte[206] sowie seit 2014 mehr als 190 Regisseurinnen mit der Initiative Pro Quote Regie. Denn ohne Quote wird wohl weiterhin die Förderung von Filmen weiblicher Regisseure nur marginal bleiben, obwohl 42 Prozent aller Regieabsolvent*innen an Filmhochschulen weiblich sind.[207] Pro Quote Regie fordert daher Regisseurinnenquoten bei der Vergabe von Regieaufträgen von 30 Prozent in drei Jahren, 42 Prozent in fünf Jahren und 50 Prozent in zehn Jahren, außerdem eine paritätische Besetzung aller Entscheidungsgremien für Filmförderungen.[208] Das Schwedische Filminstitut macht das bereits vor. Mit einer ganzen Reihe von Maßnahmen, darunter eine veränderte Vergabe von Fördergeldern, soll bis Ende 2015 in Schweden Geschlechtergerechtigkeit in der Filmproduktion erreicht sein.[209]

Mit einem Titel wie »Männer zeigen Filme & Frauen ihre Brüste« sollte kein Mockumentary mehr ein Filmfestival zutreffend beschreiben können, wie das für Cannes 2012 geschah. Dieses Filmfestival wird zwar zur Hälfte mit staatlichen Mitteln finanziert, dennoch stammten 2014 nur sieben Prozent der eingereichten 1800 Filme von Regisseurinnen.[210] Der erwähnte Film der Regisseurin Isabell Šuba wurde ausgezeichnet und kam 2014 in die deutschen Kinos. Und nein, sie bekam keine staatlichen Fördergelder, sondern bezahlte mit den Protagonist*innen des Films fast alles selbst, die Postproduktion finanzierten 125 Frauen und 86 Männer über eine Crowdfunding-Kampagne.[211] Im Notfall geht es also auch so, und dann gilt: Männer und Frauen, unterstützt Filme von Regisseurinnen! Die Filmförderanstalten sollten wir dennoch alle öfter daran erinnern, dass die Hälfte aller Kinotickets Frauen kaufen und dass wir weibliche Blickwinkel zu schätzen wissen.

Medienthema Sexismus

Seit dem »Aufschrei« in Deutschland hat sich in unseren Medien viel bewegt. Öfter als zuvor sehen, hören oder lesen wir von Alltagssexismus. Aber »öfter als zuvor« heißt nicht »oft genug«, denn immer noch ist es ein ausgesprochenes Randthema, dem kein besonderer Raum zugestanden wird.

Weil Alltagssexismus immer noch weitgehend als normal wahrgenommen wird, ist er ohne nennenswerten Nachrichtenwert, es sei denn, es wird wieder einmal einer exponierten Frau für ihre Arbeit zu Geschlechterthemen Tod oder Vergewaltigung angedroht, wie Videospiel-Analystin Anita Sarkeesian 2014.[212] Aber sollte nicht gerade der Umstand, dass ein Problem weitverbreitet ist, Anlass für eine breite Berichterstattung sein? Missstände verschwinden nicht von allein, und gerade Medien tragen eine Verantwortung für ihre Sichtbarmachung. Wir haben uns an sexistische Zustände gewöhnt, und was gewöhnlich ist, bewerten viele von uns als »normal«. Was aber als »normal« empfunden wird, wird oft widerspruchslos hingenommen. Alltagssexismus ist jedoch nicht normal im Sinne von »ein Zustand, der akzeptabel ist«. Er ist nur normal im Sinne von »er entspricht vorherrschenden Verhaltensweisen«. Das ist die normative Kraft des Faktischen. Aber diese Normen sind nicht zeitgemäß, sie waren nie akzeptabel, und wir sollten sie als genau das darstellen, was sie sind: Machtinstrumente eines ungerechten Patriarchats, das aus der Zeit gefallen ist. Neben der Berücksichtigung von Alltagssexismus als Thema sollten Medien auch den Abdruck sexistischer Werbung verweigern und eine geschlechtersensible Sprache verwenden.

Wer Gerechtigkeit für alle Geschlechter möchte, muss sich verabschieden von Verhaltensmustern, die Frauen indirekt oder direkt die Gleichwertigkeit absprechen. Das gilt für alle, ganz besonders aber für Medien, deshalb sollten gerade sie sich angesprochen fühlen, weil sie bei gesellschaftlichen Veränderungen zum Motor werden können.

Was können, sollen, müssen Männer tun?

Nix für coole Männer: Sexismus

Wer eine andere Gesellschaft will, sollte seine Vorstellungen im eigenen Umfeld vorleben. Jeder Mann kann sich gegen Alltagssexismus und für mehr Geschlechtergerechtigkeit einsetzen, indem er Sexismus und

Gewalt gegen Frauen wahrnimmt und aktiv ablehnt. Wer wenig darüber weiß, braucht nur Verwandte, Freundinnen, Bekannte im eigenen Umfeld nach ihren diesbezüglichen Erfahrungen zu fragen. Alltagssexismus ist kein Naturgesetz. Jeder Mann kann zur Ablösung dieser Kultur beitragen, indem er widerspricht und sich einmischt.

Coole Männer respektieren ein Nein, sie verwechseln Flirts nicht mit sexistischer Anmache, sie nutzen ein Machtgefälle nicht aus. Sie vergessen nie, dass jede betroffene Frau ihre Partnerin, Tochter, Mutter oder Schwester sein könnte. Es reicht ihnen nicht, zu sagen »Nicht alle Männer sind so«, denn es gibt zu viele Männer, die noch so sind. Wir brauchen Männer, um daran etwas zu ändern: Männer, die sich solidarisch verhalten, weil auch sie sich eine Gesellschaft ohne Stereotype wünschen und weg wollen von einer Kultur, die auch ihnen ein Verhalten als Norm aufzwingt, das sie selbst nicht akzeptabel finden.

Sich dagegen zu wehren, fängt bei kleinen Dingen an, zum Beispiel beim Einkaufen. Für Produkte, die sexistisch vermarktet werden, sollte niemand Geld ausgeben. Den Grund für den Konsumverzicht sollte man Herstellern und Verkäufer*innen unbedingt mitteilen, damit sie eine Chance haben, etwas zu verändern.

Gewalt in Beziehungen geht gar nicht. Wer ein Problem damit hat, sollte sich Hilfe suchen. Wer in seinem Umfeld Gewalt in Beziehungen mitbekommt, sollte das offen ansprechen, Grenzüberschreitungen als nicht akzeptabel benennen und Hilfe anbieten. Niemals sollte man sie mit Erklärungen nach dem Muster »Victimblaming« entschuldigen, also eine Verantwortung aufseiten der Opfer sehen. Jedes Opfer hat Solidarität verdient, denn für physische und sexualisierte Gewalt gibt es keine Rechtfertigung.

Allein unter Männern? Sagt doch einfach Nein!

Sichtbarkeit ist wichtig in vielen Berufen. Wer selbst einen solchen Beruf ausübt und sich in Runden mit großem Geschlechterungleichgewicht wiederfindet – als Experte, auf Rankinglisten, als Sprecher auf Konferenzen, als schreibender, redender, singender, darstellender Künstler/Autor/Journalist, der sollte den Einladenden das Feedback geben, dass man einseitige Runden nicht schätzt und die Qualität der Debatten/Texte/Darbietungen bei mehr Vielfalt – auch Geschlechtervielfalt – höher ist. Wenn Männer es ablehnen, in reinen Männerrunden/-gremien/-talkshows zu sitzen, wird sich etwas ändern. Am besten bietet man Hilfe an. Jeder Experte, Künstler, Autor kennt sicher Frauen im gleichen Sachgebiet, die eine solche Runde bereichern würden. Oft fehlt den Veranstaltern das Bewusstsein der Einseitigkeit oder der Kontakt zu geeigneten Frauen, dann genügt ein Hinweis, um den Missstand zu beheben.

Abschied von alten Rollenbildern – sharing is caring

Geschlechtergerechtigkeit heißt auch gerechte Arbeitsteilung, im Haushalt und bei der Kinderbetreuung. Das heißt nicht, »der Partnerin im Haushalt zu helfen« – denn die Frau ist nicht zuständig. Ihr zu helfen, klingt großzügig, wie eine freiwillige Sonderleistung. Aber es geht um Familienarbeit – Arbeit, die in der Familie und für die Familie anfällt, für die alle Familienangehörigen zuständig sind.

Viele Frauen arbeiten deshalb nur Teilzeit oder in schlecht abgesicherten Minijobs, weil an ihnen zu viel Familienarbeit hängen bleibt. Wo Arbeit geteilt wird, ist sie leichter vereinbar mit anderen Aufgaben. Auf das Leben gerechnet lohnt sich das auch materiell nicht nur für die Frau, sondern für die ganze Familie (selbst wenn kurzfristig Vorteile wegfallen). Mehr Geld für die Familie ermöglicht langfristig mehr Wahlmöglichkeiten (zum Beispiel wohin es im Urlaub geht oder ob man ein Haus kauft), mehr Freiheit (zum Beispiel ob man bei einem Arbeitgeber kündigt), mehr Vorsorge für das Alter. Wissenschaftler*innen der Cambridge University haben 2012 in einer Studie mit 30 000 Menschen in 34 Ländern sogar nachgewiesen, dass mehr Beteiligung an Hausarbeit Männer glücklicher macht und Konflikte in Partnerschaften reduziert.[213] Forscher*innen von der British Columbia University wiederum fanden einen sehr starken Zusammenhang zwischen einer hohen Väterbeteiligung an Hausarbeit und den beruflichen Ambitionen ihrer Töchter.[214] Noch ein Grund mehr also für gerechte Arbeitsteilung.

Manchmal ist es für Männer gar nicht so einfach, mehr Familienarbeit zu übernehmen, denn viele Arbeitgeber sind nicht begeistert davon, dass Mitarbeiter frei nehmen, wenn ein Kind krank ist, oder pünktlich gehen, um noch einzukaufen oder zur Kita zu gehen. Aber wer es ernst meint mit der Gleichberechtigung, muss bei sich selbst und bei einer gerechten Verteilung von Familienarbeit anfangen. Am Ende werden auch Arbeitgeber umlernen müssen. Bis dahin gilt: Auch berufliche Nachteile sind geteilt nur halb so groß.

Stereotype Rollenbilder schränken uns alle ein, unabhängig vom Geschlecht. Wenn Männer diese alten Bilder für sich auch nicht mehr akzeptieren, wird das unsere Kultur verändern, und damit werden sich auch Rollenbilder der Neuzeit anpassen. Viele Väter wollen sowieso schon mehr Zeit mit ihrer Familie verbringen und haben gar keine Lust mehr, nur noch »Human Resource« für ihre Arbeitgeber zu sein, um mit 60 am Herzinfarkt zu sterben. Ich möchte Männer ermutigen, die Reißleinen zu ziehen, sich einer menschenfeindlichen Arbeitskultur zu verweigern, Elternzeit so lange zu beantragen, wie sie das wirklich möchten, in Teilzeit zu arbeiten, wenn sie noch andere Prioritäten im Leben haben, oder sich schlicht der Rund-um-die-Uhr-Verfügbarkeit zu verweigern. Work-Life-Balance ist kein Mütterthema, es ist auch kein Frauenthema, es betrifft alle, die arbeiten und trotzdem etwas von ihrem Leben haben wollen.

Ganz nebenbei: Wer aus Furcht vor Nachteilen auf Elternzeit oder »Quantity-Time« verzichtet, verpasst eine einmalige Gelegenheit, eine tiefe Beziehungen zu seinen Kindern aufzubauen und ebenso unbezahlbare wie unvergleichliche Erfahrungen zu sammeln. Wenn alle Väter mehr Zeit in die Kindererziehung investieren würden, hätte das auch einen positiven Nebeneffekt selbst für Frauen, die gar nicht Mütter sind oder sein werden. Dann verschwindet nämlich der generelle geschlechtsbezogene Nachteil von Frauen, der aus Sicht der Arbeitgeber mit einer potenziellen Schwangerschaft und Elternzeit verbunden ist.

Mehr Selbstbewusstsein, ihr Männer!

Etwa 80 Prozent aller junger Frauen wünschen sich eine egalitäre Partnerschaft mit ihrem Zukünftigen. Nur 40 Prozent der potenziellen Zukünftigen teilen diese Vorstellung.[215] Mit anderen Worten: Wenn ein Mann gleichberechtigte Vorstellungen vom künftigen Familienleben hat, gibt es für ihn mehr Frauen, die diese Vorstellungen teilen. Gemeinsame Vorstellungen zur grundsätzlichen Ausrichtung einer Partnerschaft erhöhen die Chancen auf das Zustandekommen einer Partnerschaft und auf eine lange Beziehungsdauer. Machomänner bekommen also künftig entweder schwerer eine Frau oder eine konfliktreiche Beziehung. Partner*innen in gleichberechtigten Partnerschaften sind messbar glücklicher, weil niemand unproportionale Opfer für den anderen oder »die Familie« bringen muss und beide wahrscheinlicher auch voneinander unabhängige Glücksquellen haben. Es gibt Studien, die für gleichberechtigtere Partnerschaften häufigeren Sex[216] und mehr Zufriedenheit für beide Beteiligte feststellten. Wer will denn nicht glücklich sein in einer Beziehung? Geschlechtergerechtigkeit ist ein Schlüssel zum Glück.

Besonders traurig finde ich, wenn Frauen aus Rücksicht auf das Selbstwertgefühl ihrer Männer eine neue Herausforderung ablehnen. Doch eine erfolgreiche Frau, die vielleicht mehr verdient oder eine höhere Position innehat, sollte für ihren Mann ein Grund für Stolz sein, aber bestimmt keiner, an sich selbst und dem eigenen Wert zu zweifeln. Alle Frauen, mit denen ich darüber sprach, fanden diese Sorge ihrer Männer völlig unbegründet. Für eine Partnerschaft ist es viel gefährlicher, wenn ein Partner oder eine Partnerin eigene Vorstellungen nicht realisieren kann. Wer eine Frau hat, deren Talente wertgeschätzt werden, sollte sich darüber freuen, sie in ihrer Entwicklung unterstützen und jeden Fortschritt mit ihr feiern. Auf dumme Bemerkungen kann man einfach mit dem Hinweis antworten, dass das eigene Ego es nicht nötig hat, auf Frauen herabzusehen. Dabei kann man milde lächeln.

Was können, sollen, müssen Frauen tun?

Selbstbewusst und sichtbar

Der Vorwurf, es liege doch an den Frauen, wenn sie weniger berufliche Chancen haben, weil sie zu unsichtbar, zu leise oder zu risikoscheu sind, hat natürlich einen wahren Kern. Tatsächlich ist ein viel zu zurückhaltendes Auftreten ein Baustein der gläsernen Decke, den frau höchstselbst zertrümmern kann. Viele Frauen könnten durch etwas Training ihre Aufstiegsperspektiven selbst verbessern.

Es geht dabei nicht darum, männlich aufzutreten und/oder männlich zu kommunizieren, sondern schlicht um Professionalität. Wer Handlungsbedarf bei sich vermutet, sollte entsprechende Trainings absolvieren, egal ob sie die Firma oder die Frau selbst bezahlt. Es ist klug investiertes Geld.

Gute Rhetorik ist die halbe Miete und lässt sich üben. Jede kann lernen, wie man selbstbewusster kommuniziert – mit Sprache, Mimik, Gestik, Körperhaltung. Es ist nicht schwer, langsamer und mit mehr Pausen zu reden, richtige Betonungen zu setzen und darauf zu achten, dass die Stimme nicht piepsig wird, sondern ruhig bleibt und der eigenen natürlichen Tonlage entspricht. Die meisten Frauen sprechen höher als ihre natürliche Tonlage, aber auch das kann man sowohl feststellen als auch verändern, denn eine tiefere Tonlage wirkt auf Dritte kompetenter und wird besser verstanden.

Es lässt sich lernen, abschwächende Konjunktive zu vermeiden, um Aussagen stärker wirken zu lassen. Welcher der folgenden, inhaltlich gleichen Sätze wird wohl als selbstbewusster und kompetenter wahrgenommen?

1. »Vielleicht könnten wir einmal darüber reden, ob nicht eventuell eine Erweiterung der Produktlinie X um Produkt Y als Alternative denkbar wäre.«
2. »Die Erweiterung der Produktlinie X um Produkt Y ist eine gute Alternative, denn (…).«

Es kommt nie nur auf das an, was man sagt, sondern auch darauf, wie man es sagt. Es bestimmt, was gehört, was verstanden und was erinnert wird. Sprache kann Stärke vermitteln – im Übrigen nicht nur nach außen, sondern auch nach innen. Wer sich selbstbewusst ausdrückt, fühlt sich auch sicherer. Das Gleiche trifft auf eine selbstbewusste Haltung zu. Wer gerade steht und seinem Gegenüber direkt in die Augen schaut, wer beim Reden ruhig und tief atmet, der wirkt ebenfalls nach außen und auf sich selbst sicherer. Es ist ein gutes Gefühl. Auch das kann man üben – sogar beim Warten an der Bushaltestelle.

Wie sehr sich eine Haltung auf die innere Einstellung auswirkt, lässt sich mit einem Experiment feststellen: Man setzt sich auf einen frei stehenden Stuhl, lässt sich zusammensacken, Kopf und Schultern nach vorn fallen, die Arme rechts und links hängen. Der ganze Körper ist kraftlos wie ein Schluck Wasser. In dieser Haltung sage man den folgenden Satz: »Ich bin stark. Ich kann das.« Es wird nicht richtig funktionieren. Haltung und Satzinhalt passen einfach nicht zusammen. Der Satz kommt heraus wie eine Lüge – die Haltung ist dominant. Umgekehrt geht das einfache, aber lehrreiche Experiment so: Man stelle sich aufrecht hin, die Füße schulterbreit auseinander, den Rücken gerade, die Knie durchgedrückt – Brust raus, Bauch rein, wie mein Vater mir als Kind immer sagte –, den Blick geradeaus. In dieser Haltung sagt man nun: »Ich bin schwach. Ich kann das einfach nicht.« Auch dieser Satz wird nicht funktionieren. Die meisten Frauen, mit denen ich dieses Experiment gemacht habe, fangen mittendrin an zu lachen, weil es sich so furchtbar falsch anfühlt, von Schwäche zu reden, wenn man eine starke Haltung eingenommen hat. Ich empfehle jeder diese kleine Übung – sie ist ein Augenöffner.

Viel zu oft spielen Frauen das Mauerblümchen, setzen sich in die zweite Reihe, hören gut zu und schreiben viel auf, meistens auch das Protokoll für die ganze Gruppe, reden wenig und wenn, hört man sie kaum, weil sie fast flüstern. Wir müssen lernen, mehr Präsenz zu zeigen. Präsenz fängt schon beim Betreten des Raumes an, indem man aufrecht und selbstbewusst hereinkommt, mit festem Schritt und einer klaren Idee davon, wo man hin will. Bei Veranstaltungen werden die Pausen zum Netzwerken genutzt. Sich an einen leeren Stehtisch zu stellen und im Dessert zu stochern, bringt wenig. Ideal ist es, sich vorher schon interessanteste Gesprächspartner auszusuchen – von der Redner*innen- oder Teil-

nehmer*innenliste, sie ausfindig zu machen, sich dazu-
zugesellen und aktiv ins Gespräch zu kommen. Eine anständige Vorstellung gehört ebenso dazu, wie von der
eigenen Arbeit zu erzählen. Strategien, die viele Männer
anscheinend verinnerlicht haben.

Ein Arbeitgeberwechsel bietet oft die interessantesten
Karriereoptionen. Aber dafür muss die eigene Expertise
nun mal außerhalb der eigenen Firma bekannt sein. Die
notwendigen Kontakte und Sympathien entstehen nicht
(nur) durch einen Vortrag, sondern auch beim Small Talk.
Gute Leistung führt nicht immer von selbst zu Sichtbarkeit. Ein Rekord zählt aber nur dann, wenn es Zeugen
dafür gibt und wenn diese Leistung den relevanten Stellen bekannt ist. Was weder gesehen noch dokumentiert
oder berichtet wird, findet für den Rest der Welt nicht
statt. Wer nicht gesehen wird, landet nie auf dem Radarschirm derer, die über eine neue Aufgabe, Stelle, Beförderung, Gehaltserhöhung oder was auch immer entscheiden.

Eine professionellere Selbstdarstellung lässt sich üben,
das ist die gute Nachricht. Die schlechte: Viele von uns
haben so ein Training nötig, denn die eigene Leistung
ins rechte Licht zu rücken, fällt den meisten Frauen
schwer. Zu tief ist das Muster der Bescheidenheit und
Zurückhaltung in unserem Bewusstsein als angemesse-
ner Verhaltenskodex für Frauen verankert.

Selbst-PR betreiben bedeutet nicht, zur angeberischen
Dauerselbstbeweihräucherin zu werden. Aber wer etwa
ein Lob von Kund*innen für hervorragende Arbeit erhält, der kann diese bitten, das Feedback doch auch als
E-Mail zu schicken, und kann im Nebensatz erwähnen,
dass sich der oder die Vorgesetzte darüber freut und
man so ein Mail dann auch gern weitergeben würde.

Wenn man es dann weiterschickt, setzt man dessen oder deren Chef*in gleich in Kopie. So kommt oben an, was man für gute Arbeit geleistet hat, ohne dass man sich selbst anpreisen muss – davon abgesehen wirkt das Wort von Kunden viel glaubhafter. Die nächsthöhere Hierarchiestufe in Kopie zu setzen, ist ein geschickter Schachzug. Denn wie bereits erläutert entscheiden diese Vorgesetzten in der Regel über eine größere Bandbreite an Stellen. Außerdem haben direkte Vorgesetzte oft gar kein Interesse, ihre gute Mitarbeiterin aus der eigenen Abteilung weg und nach oben zu loben. Besser also, wenn frau rechtzeitig und kontinuierlich dafür sorgt, dass sie auch auf anderen Radarschirmen präsent ist.

Viele verschiedene Mechanismen führen dazu, dass Frauen weniger Karriereambitionen zugeschrieben werden, erst recht, wenn sie Kinder haben. Ehrgeizige Frauen sollten daher regelmäßig mit Vorgesetzten über ihre Karrierevorstellungen reden, danach fragen, welche Schritte sie unternehmen sollten, um ihre Ziele zu erreichen und inwieweit der oder die Vorgesetzte sie dabei unterstützen kann. Weil ein zu ehrgeiziges Auftreten Frauen oft als Nachteil ausgelegt wird, müssen wir die Balance zwischen zu zurückhaltend und zu fordernd am Ende in jeder speziellen Konstellation selbst finden. Nachteile ganz beseitigen können wir dabei nicht allein.

In der Partnerschaft gilt das Gleiche. Rechtzeitig Klartext miteinander reden verhindert, dass am Ende eine*r der Beteiligten aus allen Wolken fällt, weil er oder sie sich das gemeinsame Leben ganz anders vorgestellt hatte. Der Eindruck, mit dem eigenen Rollenbild Neuland zu beschreiten und von Menschen umgeben zu sein, die »so etwas« noch nie gemacht haben, sollte uns nicht abschrecken, schließlich wird alles irgendwann zum ersten Mal gemacht. Die Frau aber, der ein Vorbild hilft, wird selbst für die seltensten Konstellationen recht wahrscheinlich Präzedenzfälle finden.

Risiko! Das Glück ist mit der Mutigen

Ja, ein paar Steine legen wir uns schon auch selbst in den Weg. Egal, ob wir das mit unserer Sozialisierung oder mit den Genen erklären – nichts davon muss so bleiben, wie wir es gewohnt sind. Wenn wir erwachsen sind, können wir weitgehend selbst bestimmen, wie wir sein wollen. Ausgetretene Pfade zu verlassen, ist natürlich nicht einfach, aber wer viel will vom Leben, wird genau das tun müssen. Manche Frauen haben Angst, sind zu schüchtern, den Schritt nach vorn oder in das Rampenlicht zu wagen, aus Furcht vor Fehlern, für die man angegriffen werden könnte. Denn nicht nur Ruhm und Ehre landen in der ersten Reihe, auch Spott und Kritik kommen dort zuerst an. Die Unsichtbarkeit scheint uns daher manchmal komfortabler.

So macht frau nur leider nie Karriere, kann wenig mitbestimmen und kaum etwas an den Umständen verändern, die sie stören. Dabei haben selbst Frauen mit den größten Talenten, geborene Führungskräfte, manchmal Scheu davor, sich noch mehr zuzutrauen und auch Scheitern und Kritik in Kauf zu nehmen. Scheitern gehört jedoch dazu. Es gibt keine Medaille mit nur einer Seite. Scheitern ist aber kein Weltuntergang, man lernt dabei eine Menge, und diejenigen, die nach einer Niederlage aufstehen und weitermachen, sind die Stärkeren und für künftige Herausforderungen besser gewappnet. Wer nach den Sternen greifen will, muss zwangsläufig auch mal den Kontakt mit dem Boden verlieren. Menschen lernen schnell und können sich an viele neue Situationen anpassen – das wird auch in einer neuen Rolle so sein.

Manche Frauen schrecken vor neuen beruflichen Herausforderungen zurück, weil sie sich mit einer imaginären Eier legenden Wollmilchsau-Konkurrenz vergleichen. Wenn beispielsweise eine Abteilungsleiterposition zu vergeben ist, vergleichen sie ihre eigenen Kompetenzen mit den 20 Anforderungen in der Ausschreibung. Was Frauen oft vergessen: Unternehmen beschreiben das absolute Ideal, wohl wissend, dass in der Praxis selten jemand diesem Ideal entspricht und man Abstriche machen muss. Kaum ein Mann lässt sich von einer Bewerbung abhalten, nur weil er ein paar Kriterien nicht erfüllt. Die meisten Frauen schon. Wenn sie nur 90 Prozent der Anforderungen erfüllen können, verzichten sie oft auf den Versuch.

Dabei gibt es nichts zu verlieren: Wird man nicht ausgewählt, steht man nicht schlechter da als vorher. Wird man ausgewählt, weil man von allen sich Bewerbenden am besten war, wird das Unternehmen schon wissen, was es tut, und man kann gemeinsam besprechen, wie sich Kompetenzen ausbauen lassen. Meist passiert das durch Learning by doing, so wie wir die meisten Fähigkeiten lernen. Wenn eine bestimmte fachliche Expertise fehlt, gibt es dafür Trainings oder einen Einsatz zu Lernzwecken in einem anderen Bereich. Manchmal hilft ein*e Mentor*in in der Einarbeitungszeit, oder man ermöglicht eine zeitliche Überlappung mit Vorgängern, was häufig die beste Form der Einarbeitung ist.

Bei hartnäckigen Selbstzweifeln sollte frau das Kompetenzprofil potenzieller Mitbewerber mit dem eigenen vergleichen und sich vorstellen, wie gut sie es findet, wenn der nur halb so kompetente, aber doppelt von sich überzeugte Herr Müller die Funktion übernimmt. Es hilft ungeheuer, die Messlatte auf eine realistische Höhe zu legen, wenn man die eigenen Fähigkeiten mit denen real existierender Wettbewerber vergleicht. Es bietet sich an, diesen Vergleich gemeinsam mit einer vertrauten Person vorzunehmen. Das kann einer zu geringen Selbsteinschätzung vorbeugen.

Frisch gewagt ist halb gewonnen, heißt es auch sprichwörtlich. Ich höre dabei nicht nur die Ermutigung heraus, Risiken einzugehen, sondern auch den Tipp, Gelegenheiten beim Schopfe zu packen. Viele Chancen kommen zufällig und ungeplant. Wer zu lange zögert, verpasst sie. Manchmal ist daher auch die schnelle Entschlusskraft gefragt und der Verzicht auf die geplante und noch perfektere Gelegenheit, die es meist gar nicht gibt.

Last but not least möchte ich Frauen dazu ermutigen, ihren eigenen Erfolg auch als Folge der eigenen Leistung anzuerkennen. Wie viele großartige Frauen habe ich schon davon erzählen hören, dass sie einfach immer so viel Glück hatten und zufällig zur richtigen Zeit am richtigen Ort mit den richtigen Menschen waren! Hört man sich die Selbstbeschreibungen solcher Spitzenfrauen an, dann könnte man glauben, beruflicher Erfolg sei ein (unverdienter) Lottogewinn. Verbreitet ist nämlich nicht nur die Erklärung eigener Leistungen mit glücklichen Umständen, sondern auch das sogenannte Hochstaplersyndrom (Impostor Syndrome).[217] Dahinter verbirgt sich der feste Glaube, dass andere einen für deutlich kompetenter halten als man eigentlich ist, gepaart mit der Sorge, eines Tages aufzufliegen, als jemand, der es eigentlich doch nicht auf dem Kasten hat und den nur eine Kombination aus Glück und Zufall versehentlich an eine bestimmte Stelle gespült hat. Überdurchschnittlich viele Topfrauen leiden unter dem Hochstaplersyndrom. Das erzeugt Stress, denn die Folge sind Selbstzweifel, Unzufriedenheit mit der vermeintlich ungenügenden eigenen Leistungsfähigkeit, enorme Versagensängste und ständige Panik vor dem Auffliegen. Diese Ängste sind zwar irrational, aber sie erzeugen so viel Druck, dass sie zu Depressionen, zum Verzicht auf Herausforderungen oder sogar zum Aufgeben von Karrieren führen können. Das Hochstaplersyndrom ist eine Störung, die therapeutisch behandelbar ist. Wer sehr darunter leidet (das betrifft natürlich auch Männer), sollte sich daher Hilfe suchen. Seine Wurzeln liegen oft schon in der Kindheit. Die weitverbreitete Unterschätzung der eigenen Leistungen bei Mädchen und Frauen tragen zur Ausprägung des Hochstaplersyndroms bei, aber auch gesellschaftliche Annahmen, wie hoch die Wahrscheinlichkeit ist, dass ein Individuum bestimmte Kompetenzen besitzt. Wenn Frauen also in männerdominierten Bereichen tätig sind, erhalten sie oft den Eindruck, dort falsch zu sein, da sie die Fachkompetenz qua Geschlecht gar nicht haben können.

Wir sollten uns daher selbst einmal ganz genau zuhören und uns oder Dritte korrigieren, wann immer uns auffällt, dass Misserfolge auf das eigene Versagen, Erfolge aber auf Glück und Zufälle zurückgeführt werden. Die eigenen Leistungen aufzuschreiben und diese Übung regelmäßig zu wiederholen, kann eine Hilfe dabei sein, objektiver in der eigenen Kompetenz- und Leistungsbewertung zu werden. Wenn Fehler passieren, sollten sie nicht als Beweis für die (endlich) sichtbare Inkompetenz interpretiert werden, sondern als das, was sie sind: Fehler, die jedem Menschen passieren und die in den meisten Fällen nichts Grundsätzliches über die Kompetenz eines Einzelnen aussagen.

Netzwerken! Die Zeit nehm ich mir

Viele Frauen sind unsicher in neuen Lebenslagen, weil sie niemanden in einer ähnlichen Situation kennen: zum Beispiel vor der Entscheidung für oder gegen einen bestimmten Karriereschritt, eine Veränderung der Prioritäten in unserem Leben, für oder gegen einen berufs- oder partnerschaftsbedingten Umzug. Wir treffen auf Situationen, die uns neu sind und mit denen wir nicht umgehen können. Wir fragen uns, ob ein Problem mit uns zu tun hat oder ob es andere auch kennen – und wenn ja, wie andere damit umgingen und wie das Ganze ausging. Wir fragen uns, wie zur Hölle andere Frauen ihr Privatleben mit einer anspruchsvollen Karriere in Einklang gebracht haben oder wie sie ihr Beziehungsglück retteten, obwohl ihr Partner darunter litt, dass er jetzt weniger verdient als sie.

In derartigen Situationen ist es hilfreich, mit Frauen in ähnlichen Lebenslagen vernetzt zu sein. Frauennetzwerke im eigenen Unternehmen gehören dazu, aber auch Netzwerke mit Frauen aus der gleichen Branche, wie es der Juristinnenbund, die Landfrauen oder der Verband deutscher Ingenieurinnen sind, oder Netzwerke für Frauen mit vergleichbaren Rahmenbedingungen, wie ein Netzwerk von Managerinnen oder berufstätigen Müttern. Manchmal sind es lokale Beziehungen wie Initiativen aus dem eigenen Stadtviertel oder lebenslagenbasierte Vereine, wie ein lokaler Verein für Alleinerziehende. In jedem dieser Netzwerke kann frau auf Menschen treffen, die viele ihrer speziellen Herausforderungen so oder so ähnlich schon erlebt haben und die mit Rat und Tat in schwierigen Situationen helfen können.

Neben reinen Frauennetzwerken sind jedoch auch berufsbezogene Netzwerke sehr wichtig, egal, wie das Geschlecht ihrer Mitglieder mehrheitlich ist. Wer wissen will, was im eigenen Markt passiert, wo es neue Jobchancen gibt oder welche Entwicklungen man nicht verpassen darf, sollte sich in solchen Netzwerken einbringen. Ich war jahrelang im bitkom, dem Industrieverband der ITK-Industrien. Ich habe dort in Verbandsarbeitskreisen und in den Pausen der Veranstaltungen viel Insiderwissen erworben. In den Arbeitskreisen der bitkom habe ich öfter mit Staunen erlebt, wie von einem Meeting zum anderen die Firmenangaben auf den Namensschildern wechselten. Manchmal tauschten zwei Männer einfach ihren Job. Es wirkte auf mich, als würden Neubesetzungen nur innerhalb des überschaubaren Kreises der Teilnehmer dieses Gremiums vergeben. Auf sie schienen die Radare der Headhunter gerichtet. Wer in diesen Netzwerken nicht drin war, spielte nicht mit.

In diesem Industrieverband habe ich auch Funktionen übernommen, weil sie mit Gestaltungsmöglichkeiten verbunden waren. Ich hatte nicht nur Einfluss auf meinungsbildende Papiere des Verbandes, sondern gewann als Vorstandsmitglied eines Arbeitskreises Sichtbarkeit und Anerkennung in der Branche. Als Vertreterin des Verbandes bekam ich Gelegenheiten, auf Fachkonferenzen zu sprechen. Meine interessantesten Jobwechsel wurden über Headhunter vermittelt. Ich bin sicher, dass meine Sichtbarkeit in der Branche dazu beigetragen hat, dass ich in ihren Datenbanken vorkam. Meine Erfahrung nach 15 Jahren Corporate World ist auch, dass nicht nur der Prophet im eigenen Land weniger gilt, sondern auch die weibliche Führungskraft in anderen Unternehmen oft bessere Karrierechancen hat als im eigenen und dass umgekehrt ein guter Ruf in der Branche auch das Image im eigenen Unternehmen steigern kann.

Wer etwas für die eigene berufliche Zukunft tun möchte, sollte daher Zeit investieren in mindestens zwei Netzwerke: eines, in dem sich gleichgesinnte Frauen vernetzen, und eines für den brancheninternen Austausch. Aus beiden Netzwerken lässt sich viel Nutzen ziehen.

Mentoring: immer noch effektiv

Mentoring kann helfen, beim Aufstieg Barrieren zu überwinden. Hat man Glück und arbeitet in einer Firma mit Mentoringprogramm, empfiehlt sich die Bewerbung dafür. Es gibt jedoch auch die Möglichkeit, sich unabhängig von einem firmeninternen Mentoringprogramm intern oder extern um eine*n Mentor*in zu bemühen. Unabhängige Organisationen bieten ebenfalls Mentoringprogramme an. Eine Internetsuche hilft, geeignete Angebote in räumlicher Nähe zu finden. Auch im eigenen Unternehmen kann frau bei der individuellen Suche nach Mentoren fündig werden.

Kriterien für geeignete Mentor*innen sind: gute Vernetzung innerhalb der Organisation, mindestens eine Hierarchiestufe über der eigenen (besser zwei), langjährige Erfahrung in der Organisation, persönliches Vorbild, zum Beispiel in der Art zu führen. Eine Mentorin kann ein Vorteil sein, aber das Geschlecht sollte nicht das primäre Auswahlkriterium sein. Hat man jemanden gefunden, der/die geeignet scheint, sucht man den Kontakt und bittet um ein Vieraugengespräch. Bei diesem Gespräch kann man nach kurzem Small Talk schnell zur Sache kommen: Man möchte sich beruflich weiterentwickeln und hält es für hilfreich, für eine gewisse Zeit (ein bis zwei Jahre) eine*n Mentor*in zu haben. Man möchte hiermit fragen, ob das Gegenüber sich eine informelle Mentoring-Beziehung vorstellen könne. Dann erläutert man Erwartungen (Ratschläge, Feedback, Unterstützung) an das Mentoring insgesamt sowie an beide Beteiligte, insbesondere auch den Zeitaufwand. Man erklärt auch, warum man sich diese Person als potenzielle*n Mentor*in ausgesucht hat.

Es bietet sich an, eine Art Probelauf zu vereinbaren: Man trifft sich zu einem ersten unverbindlichen Mentoringtreffen, lernt sich dabei näher kennen, spricht über anstehende Herausforderungen und stellt dabei fest, ob die Chemie stimmt und ob man sich eine solche Art der Zusammenarbeit längerfristig vorstellen kann. Dieser »Anbahnungsprozess« ist natürlich einfacher und kürzer, wenn man sich bereits näher kennt. Nach meinen Erfahrungen und Feedback von Frauen, die so vorgegangen sind, ist die Erfolgsquote dabei hoch. Gibt es dennoch eine Absage, etwa weil es zeitlich einfach nicht machbar ist, kann man darum bitten, ein Türchen zu alternativen Mentor*innen zu öffnen. Ohne Mentoringprogramm fehlen zwar einige Elemente, wie die Vernetzung von Mentees und Mentor*innen untereinander sowie Teilnahmemöglichkeiten an spezifischen Trainings, aber das Wichtigste – die Mentorenbeziehung selbst – bekommt man auch auf diese Weise. So ein abgespecktes Mentoring ist allemal besser als gar keines.

Eine Frau, die in der mittleren Managementebene angekommen ist, sollte auch als Mentorin für jüngere Frauen aktiv werden. Ich habe schon viele Mentoringbeziehungen gehabt, offizielle und inoffizielle. Sie kosten Zeit und Energie, aber jede Einzelne hat mir viel zurückgegeben. Ich habe großartige Frauen kennenlernen und ihre Entwicklung erleben dürfen und war jedes Mal stolz, weil ich dazu beitragen konnte, diese Entwicklung zu beschleunigen.

Einmal etwas Teflon, bitte!

Ablehnung und Diskriminierung, Alltagssexismus auch am Arbeitsplatz, Erniedrigungen und Abwertung ihrer Leistungen: Fast jede Frau hat auf die eine oder andere Art damit zu kämpfen, und das wird auch noch eine Weile so bleiben, denn fest verwurzelte Vorurteile und Verhaltensweisen lassen sich nicht von heute auf morgen überwinden.

Zusätzlich nehmen Frauen oft systemische Widerstände als persönliche Ablehnung wahr, werden durch Kritik schneller und tiefer verletzt. Wir erwarten, dass uns möglichst alle gern haben, aber in Konkurrenzsituationen ist das schlicht unwahrscheinlich. Es geht um Macht, und Macht wird nun mal nicht freiwillig geteilt. Wir müssen also lernen, mit diesen ganz normalen und alltäglichen Widerständen und Konflikten zu leben – das fällt den meisten Männern leichter, zumal sie etliche dieser Konflikte nie oder nur selten erleben.

Auch mich verletzen Aggression oder Sexismus, aber mit der Zeit habe ich gelernt, mir eine Schicht Teflon zuzulegen. Es geht nicht darum, unempfindlich zu werden, aber bestimmte Dinge lasse ich nicht mehr an mein Inneres heran, und nicht jeder Gegenwind bläst mich um. Es geht in der Welt nicht immer fair zu, und nicht alle Vorgesetzten sind anständige, nette Menschen, die es nur gut mit uns meinen. Die meisten Probleme werden jedoch winzig klein, wenn man sie aus einer »Zehn Jahre später«-Perspektive betrachtet. Diese Sichtweise hilft mir immer wieder und ist Bestandteil meiner »Teflonschicht«. Ein weiterer ist die ständige Überprüfung, ob das, was wir als Problem auf uns beziehen, nicht vielleicht strukturelle Ursachen hat. Mit diesen Selbstschutzmechanismen wird aus einem Elefanten wieder eine Maus, die Panik verschwindet, es schläft sich besser, und die nächsten Herausforderungen können kommen.

Der richtige Partner – die wichtigste Entscheidung

Egal ob Krankenschwester, Kassiererin oder Managerin – ob und wie gut Frauen Beruf und Familienleben vereinbaren können, hängt nicht nur vom Goodwill des Arbeitgebers oder der Verfügbarkeit von Kitaplätzen ab. Ein ganz wesentlicher Faktor ist der Partner, mit dem sie sich das Leben teilen. Ist für ihn eine gleichberechtigte Partnerschaft das gelebte Ideal, lässt sich fast jede Widrigkeit überstehen. Teilt man Familienarbeit, ist die Doppelbelastung nur halb so groß. Wenn beide sich gegenseitig bei beruflichen Veränderungen unterstützen, können beide sie meistern. Ohne Rückhalt in der eigenen Familie ist es ungleich schwerer, beruflich aktiv zu sein. Kaum eine Entscheidung ist daher für die Zukunft so entscheidend wie die Partnerwahl. Liebe macht leider blind, und so finden sich oft progressive Frauen mit konservativen Partnern wieder – was natürlich für Konfliktstoff sorgt.

Gerät frau in eine solche Situation, sollte sie frühzeitig darüber nachdenken, was eine Beziehung mit so unterschiedlichen Wertvorstellungen hinsichtlich des Familienlebens bedeuten kann und ob sie wirklich bereit ist, den möglichen Preis dafür zu zahlen. Die Antwort kann durchaus auch ein Ja sein – dann ist das halt so. Des Menschen Wille ist sein Himmelreich. Für eine solche individuelle Entscheidung Kompromisse einzugehen, ist völlig gerechtfertigt, aber sie sollte bewusst getroffen werden. Neben den beiden Extremen – grundsätzlich zurückzustecken oder die Trennung vom Partner – lohnt es sich auch, um Kompromisse zu ringen. Zu schnell nachzugeben und die eigenen Wünsche aufzugeben, ist eine Falle, in die viele Frauen um der Harmonie willen geraten. Langfristig ist das gefährlich. Ein Bekannter erzählte mir, auf welches Geheimnis seine Großeltern ihr jahrzehntelanges Eheglück zurückführten: Beide Partner würden bei Meinungsverschiedenheiten genauso oft nachgeben, wie sie standhaft blieben. Das hört sich wie ein fairer Deal an.

Hoch qualifizierte Frauen verlassen Arbeitsmarkt oder Karriereleiter häufig, weil sie durch ihre Partner nicht die nötige Unterstützung erhalten, die für eine weitere berufliche Entwicklung erforderlich wäre.[218] Das auch »Opt Out« genannte Verhalten solcher Frauen, das sich nach freier Entscheidung für die Familie anhört, ist vielmehr ein »Push Out« – sie werden aus dem Arbeitsmarkt gestoßen, als Konsequenz aus dem Fehlen von Alternativen. Ist der Arbeitgeber keiner der Weltbesten in puncto Vereinbarkeit von Leben (also nicht nur Familie) und Arbeit, dann hängt fast alles vom Partner ab. Ist er nicht kooperativ, wird er zur Bremse für seine Partnerin, sie steigt aus oder ab oder trennt sich. Keine dieser Optionen klingt besonders attraktiv.

Meine eigene Erfahrung hat mich gelehrt, dass die Liebe über die Jahre stark bröckelt, wenn die Macht in der Beziehung ungleich verteilt ist und immer nur eine*r zurücksteckt. Nicht zufällig werden die meisten Scheidungen von Frauen eingereicht.

Gemeinsam an einem Strang zu ziehen, auf Augenhöhe miteinander umzugehen – das ist ein Kitt, der eine Partnerschaft zusammenhält. Es ist ein Quell für persönliches Glück, aber auch ein sehr starker Schutz, wenn draußen in der Welt einmal viel schiefgeht. Es steht dann nicht mehr die Existenz der ganzen Familie auf dem Spiel, wenn einer der Partner den Job verliert. Da die Verantwortung für die materielle Versorgung auf beiden Partnern lastet, wird die Familie freier und krisenfester. Das verringert den Druck, der als Folge der Labilität heutiger Arbeitsverhältnisse für viele Partnerschaften ein Dauergift ist. In einer Partnerschaft auf Augenhöhe kann man sich gegenseitig Karrierebälle zuwerfen, mal den einen und mal die andere vorlaufen lassen, sich gegenseitig die Chance geben, auch ein Leben neben der Arbeit zu haben. Karriere meint dabei alle beruflichen Entwicklungsmöglichkeiten, nicht nur einen möglichst hohen Posten innerhalb einer Hierarchie.

Das »Bruttosozialglück« in so einer Partnerschaft wird höher sein, und Glücksmaximierung ist doch ein schönes gemeinsames Ziel!

Sich wehren macht stark!

Etwa 80 Prozent aller Konsumentscheidungen werden von Frauen getroffen, und das nicht nur bei Waschpulver und Kochzutaten. Frauen kaufen jedes dritte Auto in Europa, sie kaufen Computer, Bohrmaschinen und Flugtickets, und immer noch schreiben viele von ihnen ihren Partnern den Einkaufszettel. Als Unternehmerinnen und Firmeneinkäuferinnen kaufen sie Bürostühle und Teppichboden, Schränke und Computer. Frauen haben eine enorme Marktmacht, und wir sollten das nie vergessen. Sie bietet uns die Möglichkeit, uns gegen Dinge zu wehren, die uns in der Wirtschaftswelt nicht gefallen. Wir müssen nichts von Unternehmen kaufen, deren Werbung sexistisch ist, die ihre Mitarbeiter*innen schlecht behandeln oder deren Produkte Geschlechterstereotype vermarkten. Wir sollten das auch nicht tun, denn nur wenn diese Aspekte wahrnehmbar die Kaufentscheidungen von Menschen – also von uns – beeinflussen, werden sie zu einem Kriterium, um das sich Unternehmen kümmern werden.

Große Berge von Rosaglitzer landen auf dem Grabbeltisch, weil sie keiner mehr kaufen will? Verkäufer*innen und Hersteller werden bombardiert mit Nachfragen und E-Mails nach weniger stereotypisierten Produkten? Sie werden sich anpassen, ganz sicher. Es müssen nur genug E-Mails sein, genug rosa Ladenhüter, genug schlechte

Bewertungen und sachliche Kritiken in Onlineshops, dann wird das schon. Dafür sorgt der Kapitalismus dann von ganz allein. Es ist wahr, dass es manchmal wenig Alternativen gibt, aber es ist sehr selten, dass es keine Alternativen gibt. Wir sollten einfach viel mehr darauf achten, wen oder was wir mit unseren täglichen Einkäufen unterstützen.

Heute ist es so einfach, in Erfahrung zu bringen, welche Unternehmen sich nicht so verhalten, wie wir das gerne hätten. Viel, viel öfter sollten wir die Kommunikation mit Anbietern suchen und uns dagegen wehren. Mit dem Internet ist das zum Glück ganz einfach. Viele Marken oder Hersteller findet man auf Facebook oder Twitter, wenn nicht, gibt es bestimmt auf der Homepage ein Kontaktformular. Das kostet nur Minuten, aber wenn viele von uns sich diese Minuten nehmen, um gegen Sexismus und Stereotypisierung zu protestieren, dann ist das ein relevanter Beitrag zu einem echten Kulturwandel. Solange Unternehmen den Eindruck haben, dass sich außer ein paar »durchgeknallten Feministinnen« niemand aufregt, solange die Mehrheit der Kommentare »Entspannt euch, seid nicht so humorlos« lautet, solange wird sich nichts bewegen.

Initiativen wie **pinkstinks.de** oder »Let Toys be Toys«[219], die geschlechtsneutrales Spielzeug für Kinder fordern, adressieren Unternehmen direkt und verbreiten schlechte, aber auch gute Beispiele in sozialen Medien. So haben sie erreicht, dass TESCO das Label »für Jungen« von Chemiebaukästen entfernte und das Label »für Mädchen« von einem Spielzeugherd.[220]

Jede*r kann eine solche Bewegung unterstützen. Unternehmen sind sehr bedacht darauf, ihr Image gerade in sozialen Medien nicht zu beschädigen. Sexismusvorwürfe sind schädlich. Erst durch Proteste verschwand die Barbiepuppe, die kein Mathe mochte, und das »In Mathe bin ich Deko«-T-Shirt von OTTO vom Markt.

Wer im Unternehmen auf Benachteiligung trifft, sollte sich das nicht gefallen lassen. Frau kann und sollte sich wehren: sich untereinander vernetzen, zum Betriebsrat gehen, mit Medien oder Interessensverbänden reden (das geht auch anonym), Rat holen bei der Antidiskriminierungsstelle des Bundes. Manchmal ist ein Wechsel des Geschäftsbereiches oder des Unternehmens eine Alternative. Wir sollten uns durch billige Angriffe nicht einschüchtern lassen. Wir sind nicht schwach, niemand sollte glauben, dass wir einfach so die Flinte ins Korn werfen und das Feld räumen. Wir können eine Menge aushalten, wir müssen aber nicht. Eine Auseinandersetzung mit Vorgesetzten und Kollegen ist nicht angenehm, aber Rückgrat beweisen ist auch etwas wert. Selbst wenn man in einer Auseinandersetzung verliert, bleibt doch das gute Gefühl, sich gewehrt zu haben. Sich wehren gibt mit jedem Mal mehr Kraft, so wie Kinderkrankheiten die Immunabwehr stärken. Wenn wir der Außenwelt so signalisieren, dass wir keine Spielbälle sind, mit denen man alles machen kann, werden wir ernster genommen, spielt man seltener mit uns. Wir denken viel zu oft, dass wir keine Macht haben, Dinge zu verändern, und sehen nicht, wie mächtig wir vor allem gemeinsam sind.

Wer sich vor der zu erwartenden Reibung fürchtet, sollte sich fragen, ob unsere Töchter und Enkelinnen noch die gleichen Debatten führen sollen wie wir seit Jahrzehnten bis heute – oder ob es nicht endlich an der Zeit ist, unsere Gesellschaft zu verändern. Wie die 68er-Frauenbewegung viele Türen für Frauen von heute aufgestoßen hat, müssen auch wir noch viele verschlossene Türen für nachfolgende Generationen öffnen. Da wir bestimmt nicht noch hundert Jahre warten wollen, müssen wir jetzt damit anfangen, und uns überall und gemeinsam mit Männern für eine geschlechtergerechte Welt einsetzen – auch, aber nicht nur, weil wir selbst und unsere Söhne und Töchter in einer solchen Welt unsere Freiheit und Persönlichkeit besser entfalten können.

Nachwort

Am Ende dieses Buches habe ich immer noch eine lange Liste von Themen im Kopf, die ich nicht in zufriedenstellender Tiefe oder überhaupt nicht behandeln konnte: das mangelnde Selbstbestimmungsrecht der Frau über ihren eigenen Körper etwa, die Bedeutung geschlechtersensibler Sprache, den Umgang mit Frauenhass im Internet, die Problematik von Mehrfachdiskriminierung und noch einiges andere. Doch ein einzelnes Buch, egal wie umfangreich, kann diesem komplexen Thema ohnehin nicht gerecht werden. Ich sehe es deshalb als Debattenbeitrag und freue mich auf die Beiträge anderer, denn es gibt noch viel zu sagen und zu tun.

Zum Abschluss möchte ich die Perspektive kurz erweitern. Ich engagiere mich seit vielen Jahren für Themen, die auf die eine oder andere Weise mit gesellschaftlicher Teilhabe zu tun haben. Ob, wie im vorliegenden Fall, Geschlechtergerechtigkeit oder soziale Teilhabe für finanzschwache Menschen, mehr Teilhabe des Volkes an politischen Entscheidungen in unserer Demokratie oder die Teilhabe an der Ausgestaltung der digitalen Revolution: Alle diese Themen stehen für große Herausforderungen, denen wir als Gesellschaft gegenüberstehen. Dass wir diese Aufgaben erfolgreich im Sinne aller bewältigen, ist keineswegs sicher. Ich bin jedoch überzeugt davon, dass die Wahrscheinlichkeit eines

Erfolges exponentiell steigt, wenn wir die Kompetenzen aller bestmöglich nutzen. Mehr Vielfalt bedeutet mehr Kreativität, und wir werden all unsere Kreativität brauchen, um die großen Probleme unserer Zeit zu bewältigen, die noch weit über die eben genannten Themen hinausgehen. Ich spreche von Klimawandel, kriegerischen Konflikten, von Armut, Hunger und Krankheiten.

Wenn wir zum Thema der Geschlechtergerechtigkeit zurückkehren, stellen wir fest, dass wir in einer aufregenden Zeit leben, in der sich vieles sehr schnell verändern kann. In allen Bereichen der Gesellschaft sind Initiativen wahrnehmbar, die Signale für mehr Vielfalt setzen. Pro Quote Regie etwa, die im Oktober 2014 sowohl mit umfassender Transparenz hinsichtlich der Ungleichverteilung von Aufträgen aus öffentlichen Geldern als auch mit klaren Forderungen für mehr Chancengleichheit im Filmgeschäft an die Öffentlichkeit traten. Nicht nur Regisseurinnen, sondern auch Regisseure unterstützen diese wichtige Initiative.

Der Vorreiter der Dax 30, die Deutsche Telekom, startete ein Pilotprogramm[221], in dem 83 Manager*innen Erfahrungen mit dem Führen in Teilzeit sammeln, tageweise im Homeoffice arbeiten oder ein paar Monate zwischendurch aussteigen können. Diese Führungskräfte sollen zu Multiplikator*innen im Unternehmen werden, um einen breiten Kulturwandel zu fördern: Sie sollen durch ihre Erfahrungen auch selbst sensibler für die Bedürfnisse von Mitarbeiter*innen werden. An der Ernsthaftigkeit des Engagements in dem Großunternehmen gibt es auch wegen der klaren Positionierung der höchsten Führungsebene keinen Zweifel. Der neue CEO, Niek Jan van Damme, ist unter anderem persönlich Schirmherr für das interne Frauennetzwerk women@work, in dem Mentoring oder Coaching-Kontakte vermittelt werden und Personalentwicklungsformate neu entstehen.

Aber auch kleinere Unternehmen gehen neue Wege. Das Online-Marketing-Unternehmen Nugg.ad hat zwar nur etwa 60 Mitarbeiter*innen, aber jede*r von ihnen hat die Möglichkeit, Homeoffice-Tage einzulegen. Für den CEO, Stefan Noller, ist Präsenzpflicht nämlich Unfug, ein Mittel der Kontrolle und des Micromanagements, vor allem aber unpraktisch gerade für Menschen mit Kindern.[222] Der Dienstleister hat außerdem eine externe Beratung damit beauftragt, die Gehaltsunterschiede von männlichen und weiblichen Mitarbeiter*innen zu analysieren. Unbereinigt liegen diese dort zwar auch bei 22 Prozent, vor allem weil Männer im Durchschnitt bereits länger in der Firma arbeiten, aber bereinigt bleibt nicht einmal ein Prozent übrig. Nugg.ad schließt vor allem im Bonussystem subjektive Leistungsfaktoren aus, denn alle Beschäftigten werden einheitlich am Unternehmensgewinn beteiligt.[223] Das Management erkannte dennoch weiteren Handlungsbedarf und will auch künftig Barrieren für Frauen abbauen. Als Nächstes hat sich die kleine Firma vorgenommen, mehr Vielfalt im bisher rein männlichen Vorstand und Aufsichtsrat zu erreichen.

Diese Einzelbeispiele machen Hoffnung, und ich wünsche mir, dass sie viele Nachahmer*innen finden werden. Aber Geschlechtergerechtigkeit lässt sich nicht nur durch einzelne Vereine oder Unternehmen erreichen. Wir brauchen das Herzblut einer gesellschaftlichen Mehrheit für dieses große Ziel. Die UN-Kampagne #heforshe, die ich eingangs zitierte, möchte dazu beitragen. Auf der begleitenden Website ist diese Absicht treffend formuliert:[224]

»Die Bewegung für Geschlechtergerechtigkeit wurde ursprünglich verstanden als ein Kampf von Frauen für Frauen. In den letzten Jahren sind Männer aufgestanden, um Ungerechtigkeit und Diskriminierung von Frauen und Mädchen anzuprangern. Jetzt ist es an der Zeit, unsere Anstrengungen zu vereinen. Heforshe ist eine Solidaritätsbewegung für Geschlechtergerechtigkeit, die die eine Hälfte der Menschheit dazu bringt, die andere Hälfte der Menschheit zu unterstützen, zum Nutzen für alle.«

Das ist mein Wunsch für unsere Zukunft: Männer und Frauen engagiert für eine gerechtere Welt, gemeinsam und nicht gegeneinander. Wir können alle bei uns und in unserem Umfeld beginnen – mit kleinen Schritten und mit großen. Die Unterstützung von Prominenten wie Emma Watson ist wertvoll, gerade um Aufmerksamkeit zu schaffen, aber für eine Veränderung braucht es am Ende uns normale Menschen, es braucht Harald, Wolfgang und Mike an der Seite von Sabine, Gabriele und Christine. Es braucht dich und mich. Gemeinsam können wir die Gesellschaft so gestalten, wie wir sie uns wünschen. Zum Nutzen für alle.

Danksagung

Meine erste Sensibilisierung für das Thema dieses Buches verdanke ich meiner Mutter, die mir in meiner Kindheit viele spannende Geschichten über Matriarchate erzählte. Sie schimpfte nie, wenn sie sah, wie ich mich auch körperlich gegen Jungen verteidigte, selbst wenn ich zerzaust und mit Schrammen nach Hause kam. Sie war stolz auf ihre Tochter, die sich zur Wehr setzte. Von meinem Vater lernte ich Mut, Risiko und Durchhaltevermögen. Auch von ihm kam nie der Satz: »Ein Mädchen macht so etwas nicht.« Er zweifelte nie an meinen Kompetenzen, schon gar nicht in Mathematik. Während ich dieses Buch schrieb, mussten meine Eltern viel auf ihre Tochter verzichten. So haben sie indirekt noch einen weiteren Beitrag zu seiner Entstehung geleistet.

Aber ohne meinen Mann gäbe es dieses Buch überhaupt nicht. In zwei Jahren zwei Bücher zu veröffentlichen, ist nicht nur für die Autorin eine Belastung, sondern für die ganze Familie. Mein Mann Daniel hielt mir den Rücken frei, debattierte mit mir nächtelang über Inhaltliches, versorgte mich nebenbei mit leckeren Wild-Schnitzeln und Nussschokolade für die Nerven. Er ist #HeForShe-Unterstützer aus ganzem Herzen und Feminist aus Überzeugung. Produktiv kann ich nur sein, wenn es mir gut geht. Wie schön, dass das mit der Glücksmaximierung in unserer Ehe sehr gut klappt! Ich bin sicher, dass es auch an den Werten liegt, die mein Mann und ich miteinander teilen. Gerechtigkeit und Gleichberechtigung der Geschlechter gehören dazu.

Mein Sohn Jacob kann vermutlich den Satz »Ich kann jetzt nicht, ich muss doch am Buch schreiben« nicht mehr hören, zum Glück muss er das auch nicht mehr, es ist ja endlich fertig geworden. Ich bin stolz auch auf ihn, denn er ist sensibel für Geschlechterfragen und genervt, wenn Lehrer sexistische Witzchen reißen.

Dieses Buch hatte noch viele weitere Geburtshelfer*innen, die ich gar nicht alle nennen kann, aber meiner Lektorin Heike Plauert vom Heyne Verlag und vor allem Redakteurin Andrea Kunstmann gilt ein besonderer Dank. Andrea Kunstmann half mir, das Manuskript zu straffen und immer wieder zu kürzen, einen roten Faden zu behalten und keine Kleinigkeit aus dem Blick zu verlieren – und alles in sehr kurzer Zeit, weil ich wieder einmal eine Deadline nach der anderen gerissen habe.

Ein Buch hat viele Väter und Mütter. Ich danke allen, die an der Entstehung dieses Buches mitgewirkt haben, auch wenn sie nicht einzeln genannt wurden.

Anmerkungen

1   YouTube-Kommentare zur Rede von Emma Watson vor UN Women, im Original: »braindead, manhating feminazi«, »whore puppet«, »cunt«, »go and get my dinner ready«, https://www .youtube.com/all_comments?v=gkjW9PZBRfk, abgerufen am 21. 10. 2014

2   Judith Liere: Jeden vierten Mann nervt Gleichberechtigung, *Die WELT*, 30. 09. 2013, http://www.sueddeutsche.de/leben/rollen verteilung-in-deutschland-jeden-vierten-mann-nervt-gleich berechtigung-1.1784423, abgerufen am 13. 08. 2014

3   http://www.koordination-maennerinkitas.de/forschung/ maenneranteil-bundeslaender/mehr/, abgerufen am 19. 11. 2014

4   Statistisches Bundesamt Wiesbaden, Pressemitteilung 345 vom 04. 10. 2012, https://www.destatis.de/DE/PresseService/Presse/ Pressemitteilungen/2012/10/PD12_345_621.html%29, abge- rufen am 06. 02. 2013

5   Statistisches Bundesamt: Verdienststrukturerhebung 2010 und deren Fortschreibung

6   Statistisches Bundesamt, Wiesbaden (Hrsg.)/Claudia Finke: Verdienstunterschiede zwischen Männern und Frauen, 2010, S. 12, https://www.destatis.de/DE/Publikationen/Thematisch/ VerdiensteArbeitskosten/Verdienstunterschiede/Verdienst unterschiedeMannFrau5621001069004.pdf?__blob=publication File, abgerufen am 06. 02. 2013

7   Statistisches Bundesamt, Verdienststrukturerhebung nach Beru- fen, 2010

8   Bundesministerium für Familie, Senioren, Frauen und Jugend (BMFSFJ), Dossier Entgeltungleichheit zwischen Männern und Frauen in Deutschland, 2009, S. 16

9   Statistisches Bundesamt, Pressemitteilung Nr. 104 vom 18. 03. 2014: Genderpaygap bei Vollzeitbeschäftigten besonders hoch,

https://www.destatis.de/DE/PresseService/Presse/Presse
mitteilungen/2014/03/PD14_104_621.html, abgerufen am 23. 08.
2014

10 Zweiter Erfahrungsbericht der Bundesregierung zum Bundes-
gleichstellungsgesetz, Drucksache 17/4307, Dezember 2010, S. 37

11 A. a. O., S. 32

12 A. a. O., S. 39

13 Zweiter Erfahrungsbericht der Bundesregierung zum Bundes-
gleichstellungsgesetz, Drucksache 17/4307, Dezember 2010

14 A. a. O., S. 12 u. 13

15 BMFSFJ, Dossier Entgeltungleichheit zwischen Männern und
Frauen in Deutschland, 2009, S. 13

16 Statistisches Bundesamt, Wiesbaden (Hrsg.)/Thomas Körner/
Holger Meinken/Katharina Puch: Wer sind die ausschließlich
geringfügig Beschäftigten? Eine Analyse nach sozialer Lebens-
lage (Auszug Wirtschaft und Statistik), Januar 2013, S. 11,
https://www.destatis.de/DE/Publikationen/WirtschaftStatistik/
Arbeitsmarkt/GeringfuegigBeschaeftigte_012013.pdf?__blob=
publicationFile, abgerufen am 23. 08. 2014

17 Statistisches Bundesamt (Hrsg.)/Christoph-Martin May/Ka-
tharina Marder-Puch: Selbstständigkeit in Deutschland (Auszug aus Wirtschaft und Statistik), Juli 2013, S. 11 u. 13,
https://www.destatis.de/DE/Publikationen/WirtschaftStatis-
tik/Arbeitsmarkt/SelbststaendigkeitDeutschland_72013
.pdf?__blob=publicationFile, abgerufen am 23. 08. 2014

18 Gleichstellungsministerkonferenz 2014: Beschlüsse 24. Konferenz der Gleichstellungs- und Frauenministerinnen und
-minister, -senatorinnen und -senatoren der Länder (GFMK),
1. u. 2. 10. 2014, Wiesbaden, S. 12, http://www.gleichstellungs
ministerkonferenz.de/documents/2014_10_13_Beschluesse_
GESAMT_Extern.pdf, abgerufen am 21. 10. 2014

19 Benjamin Romberg: Hartz IV, Mutter, Kind, *Süddeutsche Zeitung*, 10. 03. 2014, http://www.sueddeutsche.de/wirtschaft/
studie-zu-alleinerziehenden-hartz-iv-mutter-kind-1.1908169,
abgerufen am 10. 03. 2014

20 Markus M. Grabka/Christian Westermeier: Vermögensverteilung, DIW-Wochenbericht 9/2014, S. 14, http://www.diw.de/
documents/publikationen/73/diw_01.c.438708.de/14-9.pdf,
abgerufen am 10. 08. 2014

21 Flora Wisdorf: Nach der Elternzeit arbeiten viele Männer weniger, *Die WELT*, 22. 07. 2014, http://www.welt.de/wirtschaft/article130450015/Nach-der-Elternzeit-arbeiten-viele-Maenner-weniger.html, abgerufen am 10. 08. 2014

22 Statistisches Bundesamt, Pressemitteilung vom 30. 07. 2014: Frauenanteil in der Wissenschaft steigt, https://www.destatis.de/DE/PresseService/Presse/Pressemitteilungen/2014/07/PD14_268_213.html, abgerufen am 14. 10. 2014

23 Matthias Pollmann-Schult/Mareike Wagner: Vaterschaft im Kontext. Wie die Familiengründung die Erwerbstätigkeit von Männern beeinflusst, in: WZB-Mitteilungen Heft 143, März 2014, http://www.wzb.eu/sites/default/files/publikationen/wzb_mitteilungen/s.19-22_pollmann-schult_wagner.pdf, abgerufen am 10. 08. 2014

24 Statistisches Bundesamt, Pressemitteilung vom 30. 07. 2014: Frauenanteil in der Wissenschaft steigt, a. a. O.

25 WZB-Pressemitteilung vom 22. 07. 2014: Mehr väterlicher Familiensinn, http://www.wzb.eu/de/pressemitteilung/mehr-vaeterlicher-familiensinn, abgerufen am 10. 08. 2014

26 Stefan Bach: Frauen erzielen im Durchschnitt nur halb so hohe Einkommen wie Männer, DIW-Wochenbericht 35/2014, 27. 08. 2014, http://www.diw.de/sixcms/detail.php/480434, abgerufen am 01. 09. 2014

27 Markus M. Grabka/Christian Westermeier: Vermögensverteilung, DIW-Wochenbericht 9/2014, S. 12, http://www.diw.de/documents/publikationen/73/diw_01.c.438708.de/14-9.pdf, abgerufen am 10. 08. 2014

28 Statistisches Bundesamt, Pressemitteilung vom 30. 07. 2014: Frauenanteil in der Wissenschaft steigt, a. a. O.

29 Markus M. Grabka/Christian Westermeier, a. a. O., S. 14

30 Elke Holst, Anja Kirsch: Managerinnen Barometer: Unternehmen, DIW-Wochenbericht NR. 3/2014, 15. 01. 2014, https://www.diw.de/documents/publikationen/73/diw_01.c.435168.de/14-3-1.pdf, abgerufen am 08. 02. 2014

31 Barbara Schwarze/Andreas Frey/Anca Gabriela Hübner: Frauen im Management, Studie in Kooperation des Kompetenzzentrums Frauen im Management Hochschule Osnabrück mit Bisnode Deutschland GmbH, Oktober 2013, http://www.bisnode.de/wp-content/uploads/2013/10/Bisnode_Frauen_

im_Management_2013_Studie_lang.pdf, abgerufen am 08. 02. 2013

32 DIW, Pressemitteilung vom 16. 07. 2014, http://www.diw.de/documents/dokumentenarchiv/17/diw_01.c.470206.de/20140717_pm_holst_frauenanteile_tab1.pdf, abgerufen am 08. 02. 2014 und am 25. 07. 2014

33 Thomas Sattelberger: Wenn Frauen scheitern, ist das ein Privatproblem, *Süddeutsche Zeitung*, 18. 08. 2014, http://www.sueddeutsche.de/wirtschaft/debatte-um-die-quote-wenn-frauen-scheitern-ist-das-ein-privatproblem-1.2091905, abgerufen am 06. 10. 2014

34 Lydia Leong: Corporate Culture and Women in IT, Gartner, 15. 05. 2012, http://blogs.gartner.com/lydia_leong/2012/05/15/corporate-culture-and-women-in-it/, abgerufen am 23. 03. 2013

35 Landeszentrale für politische Bildung Baden-Württemberg: Frauen in den Länderparlamenten, Stand Oktober 2013, http://www.lpb-bw.de/frauenanteil_laenderparlamenten.html, abgerufen am 22. 08. 2014

36 BMFSFJ: 2. Atlas zur Gleichstellung von Frauen und Männern in Deutschland, Stand Mai 2013, S. 12 (Zahlen beziehen sich auf Dezember 2011), http://www.bmfsfj.de/RedaktionBMFSFJ/Broschuerenstelle/Pdf-Anlagen/2.-Atlas-zur-Gleichstellung-in-Deutschland,property=pdf,bereich=bmfsfj,sprache=de,rwb=true.pdf, abgerufen am 23. 08. 2014

37 A. a. O., S. 14 (Zahlen beziehen sich auf Dezember 2011)

38 A. a. O., S. 16 (Zahlen beziehen sich auf Dezember 2011)

39 BMFSFJ: Engagiert vor Ort – Wege und Erfahrungen von Kommunalpolitkerinnen, Juli 2011, S. 5, http://www.bmfsfj.de/RedaktionBMFSFJ/Broschuerenstelle/Pdf-Anlagen/Engagiert-vor-Ort-Kurzfassung,property=pdf,bereich=bmfsfj,sprache=de,rwb=true.pdf, abgerufen am 22. 08. 2014

40 A. a. O., S. 8

41 A. a. O., S. 10

42 Sara Schlote: Ursachen für die Unterrepräsentanz von Frauen in der Kommunalpolitik – Befunde und Handlungsempfehlungen, WZB-Studie im Auftrag der SPD-Landtagsfraktion Baden-Württemberg, 2013, S. 13 f. und S. 21, http://www.wzb.eu/sites/default/files/u6/wzb_studie_unterrepraesentanz_frauen_kommunalpolitik.pdf, abgerufen am 22. 08. 2014

43 Vortrag Brigitte Lösch beim Bundeskongress der kommunalen Frauenlisten: Frauenquote im grenzüberschreitenden Vergleich – geschlechtergerechte Demokratie, 12.10.2013, S. 8, http://www.brigitte-loesch.de/beitraege/reden-und-grussworte/2013-10-12_Vortrag-Bundesdkongress-der-Frauenlisten.pdf, abgerufen am 22.08.2014

44 A. a. O., S. 9

45 Prof. Dr. Lars Holtkamp/Dr. Elke Wiechmann/Jan Pfetzing: Zweites Genderranking deutscher Großstädte, Heinrich-Böll-Stiftung, April 2010, S. 9, http://www.boell.de/sites/default/files/assets/boell.de/images/download_de/wirtschaftsoziales/Zweites_Genderranking_deutscher_Grossstaedte.pdf, abgerufen am 23.08.2014

46 BMFSFJ: 2. Atlas zur Gleichstellung, a. a. O., S. 18

47 Gesetz im Wortlaut: http://www.gesetze-im-internet.de/bgrembg/BJNR141300994.html, abgerufen am 12.02.2013

48 Gremienbericht der Bundesregierung 2010 zur Legislatur 2005–2009, veröffentlicht Dezember 2011, zitiert auf der Website des BMFSFJ, http://www.bmfsfj.de/BMFSFJ/gleichstellung,did=97948.html, abgerufen am 12.02.2013

49 Fünfter Gremienbericht der Bundesregierung zum Bundesgremienbesetzungsgesetz, Bundestagsdrucksache 17/4308 vom 16.12.2010, S. 22, http://dipbt.bundestag.de/dip21/btd/17/043/1704308.pdf, abgerufen am 12.02.2013

50 A. a. O., S. 17 u. 26

51 A. a. O., S. 37

52 In diesem Index sind öffentliche Unternehmen des Bundes, der Bundesländer (die fünf Unternehmen mit der größten Bilanzsumme je Bundesland und dessen Hauptstadt) und die zehn größten Unternehmen der Stadtstaaten enthalten, sofern die öffentliche Hand mindestens 50 Prozent der Gesellschaftsanteile hält und das Unternehmen einen eigenen Geschäftsbetrieb und Aufsichtsrat hat. Quelle: Public Women on Board Index (PWoB), FidAR – Frauen in die Aufsichtsräte e. V., 01.01.2014

53 Friedrich-Ebert-Stiftung (Hrsg.)/DIW Berlin: Einsam an der Spitze: Frauen in Führungspositionen im öffentlichen Sektor, 2012 S. 39 (Tabelle 11), http://www.fes.de/forumpug/inhalt/documents/Expertise_Internet_.pdf, abgerufen am 15.08.2014

54 Anneke Oppermann: Bilder von Männlichkeit. Analyse des in sachunterrichtlichen Schulbüchern enthaltenen Männlichkeitsbildes und Entwicklung von Kriterien einer »veränderten« Männlichkeit für einen geschlechterdemokratischen integrierten Sachunterricht, www.widerstreit-sachunterricht.de, Ausgabe Nr. 5, Oktober 2005, S. 25, http://deposit.ddb.de/ep/netpub/ 55/77/20/971207755/_data_dyna/_snap_stand_2006_10_16/ su/ebeneI/superworte/gender/oppermann.pdf, abgerufen am 15. 08. 2014

55 A. a. O., S. 37

56 Sabine Neumann: Zum Einfluss geschlechtsspezifischer Asymmetrien auf die schulische Erziehung von Mädchen und Jungen, Magisterarbeit im Rahmen der Magisterabschlussprüfung am Fachbereich Erziehungs-, Sozial- und Geisteswissenschaften. Fernuniversität Gesamthochschule Hagen, 20. 08. 2002, www.fernuni-hagen.de/imperia/md/content/magister/ neumann.doc, abgerufen am 15. 08. 2014

57 Marcel Helbig: Geschlecht und Bildungserfolg. Historische Perspektiven auf die »Krise der Jungen«, WZB, WZ-Brief Bildung, Januar 2013, http://bibliothek.wzb.eu/wzbrief-bildung/ WZBriefBildung232013_helbig.pdf, abgerufen am 23. 08. 2014

58 BMFSFJ: 2. Atlas zur Gleichstellung, a. a. O., S. 30

59 Marcel Helbig, a. a. O., S. 3 f.

60 Statistisches Bundesamt, Pressemitteilung vom 30. 07. 2014: Frauenanteil in der Wissenschaft steigt, a. a. O.

61 Website des Statistischen Bundesamtes: Frauenanteile Akademische Laufbahn, https://www.destatis.de/DE/ZahlenFakten/ GesellschaftStaat/BildungForschungKultur/Hochschulen/ abellen/FrauenanteileAkademischeLaufbahn.html, abgerufen am 23. 08. 2014

62 Equal Opportunities in Science and Research, 15th update of data (2009/2010) on Women in Higher Education Institutions and Non-academic Research Establishments, GWK, Heft 24, 2011, S. 17

63 Tina Klopp: Barbies Rache, *Süddeutsche Zeitung*, 19. 12. 2011, http://www.sueddeutsche.de/kultur/design-untermweihnachtsbaum-barbies-rache-1.1239368, abgerufen am 11. 08. 2014

64 Almut Schnerring/Sascha Verlan: Die Rosa-Hellblau-Falle, München, 2014, S. 187

65 Maya Götz (Hrsg.): Die Fernsehheld(inn)en der Mädchen und Jungen. Geschlechterspezifische Studien zum Kinderfernsehen, kopaed, München, 2013, S. 109

66 Almut Schnerring/Sascha Verlan, a. a. O., S. 147 f.

67 Jon Arcelus/Alex J. Mitchell/Jackie Wales/Søren Nielsen: Predictor of Mortality in Eating Disorders, Archives of General Psychiatry, Juli 2011, 68 (7), S. 724–731, http://archpsyc.jamanetwork.com/article.aspx?articleid=1107207, abgerufen am 17. 11. 2014

68 Bascha Mika: Mutprobe. Frauen und das höllische Geschäft mit dem Älterwerden, München, 2014

69 Verein Pro Quote, Statistiken veröffentlicht auf der Homepage mit Stand KW 6/2013, http://www.pro-quote.de/statistiken/, abgerufen am 08. 02. 2014

70 Global Media Monitoring Project, 2010. Dazu wurden in 108 Ländern knapp 1700 Zeitungen, Rundfunk- und Fernsehsender sowie Online-Kanäle analysiert: fast 18 000 Berichte, in denen fast 40 000 Personen erwähnt wurden. http://www.whomakesthenews.org/images/stories/website/gmmp_reports/2010/global/gmmp_global_report_en.pdf, abgerufen am 26. 02. 2013

71 A. a. O., S. 80 u. 85

72 Nach den Ergebnissen des Global Media Monitoring Projects war nur ein Prozent der Berichterstattung am Stichtag dazu geeignet, überkommene Stereotypen infrage zu stellen, vgl. a. a. O., S. 105

73 A. a. O., S. 87

74 Frauen in der taz, taz, 04. 06. 2014, http://blogs.taz.de/hausblog/2014/06/04/frauen-in-der-taz/, abgerufen am 01. 07. 2014

75 Almut Schnerring/Sascha Verlan, a. a. O., S. 133 f.

76 Maya Götz, a. a. O., S. 39

77 Onlineshop Coppenrath, https://shop.coppenrath.de/geschenke-buecher-fuer-kinder/marken-und-helden/prinzessin-lillifee/#page=1, ausgezählt am 11. 08. 2014

78 Mediadaten des Blue Ocean Verlages, Stand 28. 07. 2014, http://www.blue-ocean-ag.de/sites/default/files/Prinzessin_Lillifee_0.pdf, abgerufen am 11. 08. 2014

79 Maya Götz, a. a. O., S. 69

80   A. a. O., S. 71

81   A. a. O., S. 74

82   Ebenda

83   Dieser Test erhielt seinen Namen nach Alison Bechdel, die 1985 in einem ihrer Comics aus der Reihe »Dykes to watch out for« eine Comicfigur diese Regel erwähnen lässt, nach der die Comicfigur entscheidet, ob sie sich einen Film überhaupt ansieht oder nicht. Siehe auch Wikipedia: http://en.wikipedia.org/wiki/Bechdel_test, abgerufen am 17. 03. 2013

84   Auf http://bechdeltest.com/ kann man eine von Nutzer*innen zusammengetragene Übersicht anschauen (und selbst ergänzen).

85   2012 waren nur neun Prozent der Regisseure der Top 250 US-Filme Frauen (das ist der gleiche Wert wie 1998), und nur 15 Prozent der Drehbücher dafür stammten aus einer weiblichen Feder. Wenn man alle wichtigen Rollen jenseits der Kamera zusammenzählt – Drehbuchautoren, Produzenten, Herausgeber, Schnitt etc. dazunimmt –, sind es dennoch nur 18 Prozent Frauen. Vgl. Martha M. Lauzen: The Celluloid Ceiling: Behind the Scenes – Employment of Women on the Top 250 Films of 2012, http://womenintvfilm.sdsu.edu/files/2012_Celluloid_Ceiling_Exec_Summ.pdf, abgerufen am 26. 02. 2013

86   Jennifer Kesler: Why film schools teach screenwriters not to pass the Bechdel test, The Hathor Legacy, 30. 06. 2008, http://thehathorlegacy.com/why-film-schools-teach-screenwriters-not-to-pass-the-bechdel-test/, abgerufen am 18. 03. 2013

87   Eine der Seiten mit Bechdel-Testergebnissen zu Videospielen ist http://bechdelgamer.wordpress.com/, abgerufen am 18. 03. 2013. Ergebnisse für Comics, die dem Bechdel-Test unterworfen wurden, finden sich auf einer Tumblr-Seite: http://bechdeltestingcomics.tumblr.com/, abgerufen am 18. 03. 2013

88   Bundesverband Interaktive Unterhaltungssoftware, Homepage, http://www.biu-online.de/de/fakten/reichweiten/spieler-in-deutschland.html, abgerufen am 07. 10. 2014

89   Pro Quote Regie e. V.: Aufruf zum Start der Kampagne am 14. 10. 2014, http://www.proquote-regie.de/?page_id=189, abgerufen am 15. 10. 2014

90   Aufruf Pro Quote Regie, September 2014, http://www.taz.de/fileadmin/static/pdf/AufrufPROQUOTEREGIE30.09.14-1.pdf, abgerufen am 09. 10. 2014

91 Downloadlink: http://cb-tm.de/notiz/download.php?id=94572, abgerufen am 17.11.2014, Titel: Bundesverbvand Regie: Erster Regie-Diversitätsbericht des BVR 2010–2013, November 2014, S. 24

92 Stacy L. Smith/Katherine Pieper/Marc Choueiti: Exploring the Barriers and Opportunities for Independent Women Filmmakers, Annenberg School for Communication and Journalism, University of Southern California, 2013, http://www.sundance.org/pdf/press-releases/Exploring-The-Barriers.pdf, abgerufen am 19.09.2013

93 Anne Wizorek: Weil ein #Aufschrei nicht reicht. Für einen Feminismus von heute, Fischer, 2014, S. 181 ff.

94 www.aufschrei.konvergenzfehler.de, abgerufen am 07.10.2014

95 YouTube: Sexismusdebatte in Deutschland – Anke Domscheit-Berg im Interview, http://www.youtube.com/watch?v=3cGY4aGYloo, abgerufen am 07.10.2014

96 Feminismus 101: Einmaleins des Feminismus – »Was ist Sexismus?«, http://feminismus101.de/was-ist-sexismus/, abgerufen am 04.07.2014

97 Charlotte Diehl/Jonas Rees/Prof. Dr. Gerd Bohner: Zur »Sexismus-Debatte«. Ein Kommentar aus wissenschaftlicher Sicht, Universität Bielefeld, 07.02.2013, http://www.uni-bielefeld.de/psychologie/ae/AE05/Diehl_Rees_Bohner_Kommentar-zur-Sexismus-Debatte_lang_2013-02-07.pdf, abgerufen am 15.08.2014

98 C. Diehl/J. Rees/G. Bohner: Flirting with disaster: short-term mating orientation and hostile sexism predict different types of sexual harassment, in: Aggressive Behavior, Nov./Dez. 2012, 38 (6), S. 521–531

99 Nina Vanselow: Of beauties, beaus and beasts: studying women's and men's actual and imagined experiences of sexual and gender harassment, Dissertation, Universität Bielefeld, 2009, http://pub.uni-bielefeld.de/publication/2306085, abgerufen am 06.10.2014

100 Charlotte Diehl/Jonas Rees/Prof. Dr. Gerd Bohner: Zur »Sexismus-Debatte«. Ein Kommentar aus wissenschaftlicher Sicht (Kurzfassung), Universität Bielefeld, 07.02.2013, S. 2, http://www.uni-bielefeld.de/psychologie/ae/AE05/Diehl_Rees_Bohner_Kommentar-zur-Sexismus-Debatte_kurz_2013-02-07.pdf, abgerufen am 11.08.2014

101 Es handelte sich dabei um die Studie »A wake up call for female leadership in Europe«, die am Ende doch genehmigt wurde. Ich wurde die Projektleiterin dieser Studie, die den Auftakt zu einer ganzen Reihe von Studien zu diesem Thema wurde, u. a. »Women Matter«.

102 FBI: Supplementary Homicide Report, Data Table 2, http://www.fbi.gov/about-us/cjis/ucr/crime-in-the-u.s/2012/crime-in-the-u.s.-2012/offenses-known-to-law-enforcement/expanded-homicide/expanded_homicide_data_table_2_murder_victims_by_age_sex_and_race_2012.xls, und data table 10, http://www.fbi.gov/about-us/cjis/ucr/crime-in-the-u.s/2012/crime-in-the-u.s.-2012/offenses-known-to-law-enforcement/expanded-homicide/expanded_homicide_data_table_10_murder_circumstances_by_relationship_2012.xls, abgerufen am 07. 10. 2014

103 WHO: Violence against women: a global health problem of endemic proportions, Pressemitteilung, 20. 06. 2013, http://www.who.int/mediacentre/news/releases/2013/violence_against_women_20130620/en/, abgerufen am 07. 10. 2014

104 European Union Agency for Fundamental Rights, Pressemitteilung vom 05. 03. 2014: Gewalt gegen Frauen: Sie passiert täglich und in allen Kontexten, http://fra.europa.eu/sites/default/files/press-release-violence-against-women_de_1.pdf, abgerufen am 11. 08. 2014

105 BMFSFJ, Material für die Presse: Die repräsentative Studie zu Gewalt gegen Frauen »Lebenssituation, Sicherheit und Gesundheit von Frauen in Deutschland«, September 2004, http://www.bmfsfj.de/RedaktionBMFSFJ/Abteilung4/Pdf-Anlagen/pressemat-studie-gewalt-frauen-lebenssituation,property=pdf,bereich=,rwb=true.pdf, abgerufen am 11. 08. 2014. Entsprechende Untersuchungen gibt es natürlich auch für die Situation weltweit: WHO: Global and regional estimates of violence against women: Prevalence and health effects of intimate partner violence and non-partner sexual violence, 2013

106 BMFSFJ: Lebenssituation, Sicherheit und Gesundheit von Frauen in Deutschland. Eine repräsentative Untersuchung zu Gewalt gegen Frauen in Deutschland, Sommer 2004, S. 13, http://www.bmfsfj.de/RedaktionBMFSFJ/Abteilung4/Pdf-Anlagen/

kurzfassung-gewalt-frauen,property=pdf,bereich=bmfsfj
,sprache=de,rwb=true.pdf, abgerufen am 15. 08. 2014

107 Ebenda

108 A. a. O., S. 14

109 Wikipedia, Eintrag »Amoklauf von Winnenden«, https://de
.wikipedia.org/wiki/Amoklauf_von_Winnenden, abgerufen am
19. 08. 2014

110 Simone Kaiser: So eine Wut, so ein Hass, *Spiegel*, 14. 09. 2009,
http://www.spiegel.de/spiegel/print/d-66886582.html, abgerufen am 19. 08. 2014

111 Englische Wikipedia, Eintrag »École Polytechnique Massacre«,
https://en.wikipedia.org/wiki/%C3%89cole_Polytechnique_
massacre, abgerufen am 19. 08. 2014

112 Roger Elliot: My twisted World. The Story of Elliot Roger,
S. 132, http://www.nytimes.com/interactive/2014/05/25/us/
shooting-document.html?action=click&contentCollection=
U.S.&module=RelatedCoverage&region=Marginalia&pgtype=
article, abgerufen am 06. 10. 2014

113 United Nations Population Fund: New »common sense« Family-
planning policy and sex ratio in Viet Nam, veröffentlicht auf
der 4th Asia Pacific Conference on Reproductive and Sexual
Health and Rights, 29.–31. 10. 2007, Hyderabad, Indien, http://
www.unfpa.org/gender/docs/studies/summaries/vietnam_
summary.pdf, abgerufen am 24. 07. 2014

114 Vereinte Nationen: Security Council demands immediate and
complete halt of acts of sexual violence against civilians in
conflict zones, unanimously adopting Resolution 1820, 19. 06.
2008, abgerufen am 06. 10. 2014

115 (Übersetzung von mir), zitiert nach: Economists examine gender
disparity in CEO ranks, Phys.org, 08. 02. 2013, http://phys.org/
news/2013-02-economists-gender-disparity-ceo.html, abgerufen am 20. 02. 2013

116 McKinsey.com, http://www.mckinsey.com/Client_Service/
Organization/Latest_thinking/Unlocking_the_full_potential
.aspx, abgerufen am 20. 02. 2013

117 McKinsey: Women Matter 2013 – Gender diversity in top
management: Moving corporate culture, moving boundaries,
November 2013, S. 10, http://www.mckinsey.de/sites/mck_
files/files/womenmatter_13.pdf, abgerufen am 08. 07. 2014

118 A. a. O., S. 12

119 Deutscher Juristinnenbund: Aktionärinnen fordern Gleichberechtigung, Berlin, 2010, S. 50 ff.

120 Peter Dizikes: Study: Attractive men far best in gaining venture capital, MIT News Office, 17. 03. 2014, http://newsoffice.mit.edu/2014/study-says-attractive-men-fare-best-in-gaining-venture-capital, abgerufen am 25. 08. 2014

121 Eigene Berechnungen auf der Basis von Daten in: Barbara Schwarze/Andreas Frey/Anca Gabriela Hübner: Frauen im Management, a. a. O.

122 Linda Babcock/Sara Laschever: Women Don't Ask: Negotiation and the Gender Divide, Princeton University Press, 2003, http://press.princeton.edu/chapters/i7575.html, abgerufen am 08. 02. 2014

123 Hannah Riley Bowles/Linda Babcock/Lei Lai: Social incentives for gender differences in the propensity to initiate negotiations: Sometimes it does hurt to ask, Organizational Behavior and Human Decision Processes 103 (2007), S. 84–103, http://www.cfa.harvard.edu/cfawis/bowles.pdf, abgerufen am 08. 02. 2014

124 Ruth Reader: Microsoft CEO's ideas about pay equality are scary, Venturebeat.com, 09. 10. 2014, http://venturebeat.com/2014/10/09/microsoft-ceos-ideas-about-pay-equality-are-scary/, abgerufen am 11. 10. 2014

125 McKinsey: Women Matter 2 – Female Leadership, a competitive edge for the future, 2008, http://www.mckinsey.de/sites/mck_files/files/Women_Matter_2_brochure.pdf, abgerufen am 16. 08. 2014

126 McKinsey: Women Matter 2013, S. 12, http://www.mckinsey.de/sites/mck_files/files/womenmatter_13.pdf, abgerufen am 06. 07. 2014

127 Michaela Schissl: Flotte Feger am Riesenrüssler, *Spiegel*, 21. 02. 2011, http://www.spiegel.de/spiegel/print/d-77108537.html, abgerufen am 16. 08. 2014

128 Ursula Pasero: Gender Trouble in Organisationen und die Erreichbarkeit von Führung, in: Organisationen und Netzwerke: Der Fall Gender, Hrsg. Ursula Pasero und Birger P. Priddat, VS Verlag für Sozialwissenschaften, 2004

129 PwC »Women in Work – Index«, Presseerklärung, veröffentlicht am 03. 03. 2014, http://www.pwc.de/de/pressemitteilungen/

2014/frauen-in-deutschland-holen-auf.jhtml, abgerufen am 10.03.2014

130 Lukas Koschnitzke: Haushalt bleibt Frauensache, ZEIT Online, 10.03.2014, http://www.zeit.de/karriere/2014-03/hausarbeit -frauen-international-vergleich, abgerufen am 16.08.2014

131 Claudia Geist (Carolina Population Center University of North Carolina at Chapel Hill): One Germany, Two Worlds of House-work? Examining Employed Single and Partnered Women in the Decade after Unification, Journal of Comparative Family Studies 2009; 40 (3), S. 415–437, http://www.ncbi.nlm.nih .gov/pmc/articles/PMC2891262/pdf/nihms84346.pdf, abgeru-fen am 21.08.2014

132 Institut für Arbeits- und Berufsforschung/Dr. Corinna Kleinert: IAB-Kurzbericht 3/2011, S. 4

133 Institut für Demoskopie Allensbach: Vorwerk Familienstudie 2010 – Ergebnisse einer repräsentativen Bevölkerungsumfrage zur Familienarbeit in Deutschland, Juli 2010, S. 27 f., http:// www.ifd-allensbach.de/uploads/tx_studies/7538_vorwerk_ familienstudie_2010.pdf, abgerufen am 16.08.2014

134 BMFSFJ: Gewalt gegen Frauen in häuslichen Beziehungen. Eine sekundäranalytische Auswertung zur Differenzierung von Schweregraden, Mustern, Risikofaktoren und Unterstützung nach erlebter Gewalt (Kurzfassung), Stand Juni 2014, S. 41 und 52, http://www.bmfsfj.de/RedaktionBMFSFJ/Broschuerenstelle/ Pdf-Anlagen/gewalt-paarbeziehungen,property=pdf,bereich= bmfsfj,sprache=de,rwb=true.pdf, abgerufen am 16.08.2014

135 Deutsches Jugendinstitut: Wege in die Vaterschaft: Vaterschafts-konzepte junger Männer, Studie, 28.10.2008, http://www.dji.de/ index.php?id=41480, abgerufen am 14.07.2014; veröffentlicht auch in Claudia Zerle/Isabelle Krok: Null Bock auf Familie? Der schwierige Weg junger Männer in die Vaterschaft, Güters-loh, 2008

136 Bascha Mika, a.a.O., S. 65

137 Corinna Kleinert: Ostdeutsche Frauen häufiger in Führungs-positionen, IAB Kurzbericht, 3/2011, S. 4, http://doku.iab.de/ kurzber/2011/kb0311.pdf, abgerufen am 17.11.2014

138 Bascha Mika, a.a.O., S. 19

139 Wolfgang Brehmer/Dr. Christina Klenner/Prof. Dr. Ute Klam-mer: Wenn Frauen das Geld verdienen – eine empirische An-

näherung an das Phänomen der »Familienernährerin«, WSI der Hans-Böckler-Stiftung, WSI-Dikussionspapier Nr. 170, Düsseldorf, Juli 2010, S. 22, http://www.boeckler.de/pdf/p_wsi_diskp_170.pdf, abgerufen am 31. 08. 2014

140 Vorwerk Familienstudie 2013, zitiert in Katrin Hummel: Wenn Frauen mehr verdienen – Was bleibt von mir als Mann?, *FAZ*, 27. 01. 2014, http://www.faz.net/aktuell/gesellschaft/familie/wenn-frauen-mehr-verdienen-was-bleibt-von-mir-als-mann -12769463.html?printPagedArticle=true, abgerufen am 21. 07. 2014

141 Vorwerk Familienstudie 2013, a. a. O.

142 BMFSFJ: Gewalt gegen Frauen in Paarbeziehungen. Eine sekundäranalytische Auswertung zur Differenzierung von Schweregraden, Mustern, Risikofaktoren und Unterstützung nach erlebter Gewalt, Kurzfassung, S. 36, http://www.bmfsfj.de/RedaktionBMFSFJ/Broschuerenstelle/Pdf-Anlagen/gewalt -paarbeziehungen,property=pdf,bereich=bmfsfj,sprache=de ,rwb=true.pdf, abgerufen am 16. 08. 2014

143 Julia Voss: Steinzeit für immer, FAZ.net, 25. 03. 2013, http://www.faz.net/aktuell/feuilleton/debatten/anti-emanzipatorische -argumente-steinzeit-fuer-immer-12125657-p4.html?printPaged Article=true#pageIndex_4, abgerufen am 06. 08. 2014

144 Joachim Wahl: Erfolgreiche Steinzeitchirurgen im Taubertal, Denkmalpflege in Baden-Württemberg 2/2012, S. 86, https://journals.ub.uni-heidelberg.de/index.php/nbdpfbw/article/download/12299/6141, abgerufen am 06. 08. 2014

145 Heather Pringle: New Women of the Ice Age, Discover Magazine, 01. 04. 1998, http://discovermagazine.com/1998/apr/newwomenoftheice1430, abgerufen am 06. 08. 2014

146 Guerilla Girls New York, http://www.guerrillagirls.com/posters/nakedthroughtheages.shtml, abgerufen am 26. 02. 2013

147 Interview Georg Baselitz mit Susanne von Beyer und Ulrike Knöfel: Meine Bilder sind Schlachten, *Spiegel*, 21. 01. 2013, http://www.spiegel.de/spiegel/print/d-90638333.html, abgerufen am 03. 04. 2013

148 Rose-Marie Gropp: Künstlerinnen und das kleine Geld, *FAZ*, 23. 07. 2014, http://www.faz.net/aktuell/feuilleton/16-gegen-195-kuenstlerinnen-und-das-kleine-geld-13060776.html, abgerufen am 17. 08. 2014

149 Charlotte Higgins: Male conductors are better for orchestras, says Vasily Petrenko, *The Guardian*, 02. 09. 2013, http://www .theguardian.com/music/2013/sep/02/male-conductors -better-orchestras-vasily-petrenko, abgerufen am 10. 08. 2014

150 Christine Lemke-Matwey: Wie kommt die Frau zum Taktstock?, *Die ZEIT*, 20. 06. 2013, http://www.zeit.de/2013/25/dirigentinnen -klassik-taktstock/komplettansicht, abgerufen am 10. 08. 2014

151 OECD 2010, PISA 2009 Results: What Students Know and Can Do, Volume 1, S. 155, http://www.oecd.org/pisa/pisaproducts/ 48852548.pdf, abgerufen am 25. 02. 2013

152 Länder, in denen Mädchen bessere PISA-Ergebnisse im wissen- schaftlichen Bereich erhielten als Jungen, sind u. a. Jordanien, Dubai, Bulgarien, Litauen, Finnland, Slowenien, Thailand, Japan.

153 *Tagesspiegel*, 27. 05. 2009, http://www.tagesspiegel.de/wissen/ schulstudie-schaedliche-stereotype/1522298.html, abgerufen am 13. 03. 2013

154 Steven J. Spencer (University of Waterloo)/Claude M. Steele (Stanford University)/Diane M. Quinn (University of Michigan): Stereotype Threat and Women's Math Performance, Journal of Experimental Social Psychology 35, 1999, S. 4–28, http://www .sciencedirect.com/science/article/pii/S0022103198913737, abgerufen am 17. 11. 2014

155 Holger Dambeck: Fields-Medaille für Maryam Mirzakhani: Die Nummer eins, *Der Spiegel*, 13. 08. 2014, http://www.spiegel.de/ wissenschaft/mensch/maryam-mirzakhani-mathe-preis-fields -medaille-geht-an-frau-aus-iran-a-985883.html, abgerufen am 17. 08. 2014

156 Jonathan M. Kane/Janet E. Mertz: Debunking Myths about Gender and Mathematics Performance, Notices of the AMS Volume 59, Number 1, Januar 2012, http://www.ams.org/notices/ 201201/rtx120100010p.pdf, abgerufen am 17. 08. 2014

157 Christina Berndt: Typisch Mädchen, typisch Junge, *Süddeut- sche Zeitung*, 26. 04. 2012, http://www.sueddeutsche.de/leben/ sz-kinderzeitung-geschlechterklischees-typisch-maedchen -typisch-junge-1.1104307-2, abgerufen am 06. 10. 2014

158 Diese sprechenden Barbiepuppen gab es 1992, die Teen-Talk- Barbie konnte auch »Ich will einkaufen gehen« und »Werden wir jemals genug Kleidung haben?« sagen. Nach Protesten der American Association of University Women wurde der Satz

»Math class is tough« aus der Sprachauswahl entfernt. Quelle: Wikipedia, Eintrag »Barbie«, https://en.wikipedia.org/wiki/Barbie, abgerufen am 11.08.2014

159 Otto streicht umstrittenes Spruch-Shirt aus Sortiment, *Focus*, 07.03.2014, http://www.focus.de/familie/schule/in-mathe-bin-ich-deko-otto-streicht-umstrittenes-spruch-shirt-aus-sortiment_id_2625099.html, abgerufen am 17.08.2014

160 Laura S. Sidorowicz/G. Sparks Lunney: Sex Roles: Baby X revisited, February 1980, Volume 6, Issue 1, S. 67–73

161 Isabella Crespi: Gender socialisation within the family: a study on adolescents and their parents in Great Britain, Department of Sociology Catholic University of Milan, Paper for BHPS 2003, S. 4, 8 f., https://www.iser.essex.ac.uk/files/conferences/bhps/2003/docs/pdf/papers/crespi.pdf, abgerufen am 06.10.2014

162 Laura Sydell: The Forgotten Female Programmers Who Created Modern Tech, NPR, 06.10.2014, http://www.npr.org/blogs/alltechconsidered/2014/10/06/345799830/the-forgotten-female-programmers-who-created-modern-tech, abgerufen am 07.10.2014

163 Grant Thornton International Business Report 2012: Women in Senior Management: Still not enough, S. 3 u. 8, http://www.internationalbusinessreport.com/files/ibr2012%20-%20women%20in%20senior%20management%20master.pdf, abgerufen am 07.08.2014

164 McKinsey: Women at the Top of corporations: Making it happen (Studie), 2010

165 Stefan Bach: Frauen erzielen im Durchschnitt nur halb so hohe Einkommen wie Männer, a. a. O., S. 811

166 Benjamin Romberg: Hartz IV, Mutter, Kind, *Süddeutsche Zeitung*, 10.03.2014, http://www.sueddeutsche.de/wirtschaft/studie-zu-alleinerziehenden-hartz-iv-mutter-kind-1.1908169, abgerufen am 10.03.2014

167 BMFSFJ: Ergebnisse der Gesamtevaluation der ehe- und familienbezogenen Leistungen im Überblick, 27.08.2014, http://www.bmfsfj.de/RedaktionBMFSFJ/Abteilung2/Pdf-Anlagen/gesamtevaluation-endbericht-ueberblick,property=pdf,bereich=bmfsfj,sprache=de,rwb=true.pdf, abgerufen am 01.09.2014

168 Miriam Beblo: Geschlechterpolitische Bewertung von Individualbesteuerung, Fachhochschule Berlin, 18.02.2009, http://

www.gwi-boell.de/sites/default/files/assets/gwi-boell.de/ images/downloads/Beblo_Input_Fachgespraech.pdf, abgerufen am 18. 08. 2014

169 Heinrich-Böll-Stiftung − Gunda-Werner.Institut: Kriterien für geschlechtergerechte Steuerpolitik, 12. 10. 2010, http:// www.gwi-boell.de/de/2010/02/12/kriterien-f%C3%BCr -geschlechtergerechte-steuerpolitik, abgerufen am 17. 08. 2014

170 Keinen Bock auf Herdprämie, *taz*, 01. 02. 2014, http://www.taz .de/!132146/, abgerufen am 18. 08. 2014

171 Kirsten Fuchs-Rechlin/Gudula Kaufhold/Mareike Thuilot/Tanja Webs: Auszug aus dem Abschlussbericht Kommunale Bedarfserhebungen − Kapitel 8: Der Einfluss des Betreuungsgeldes auf die Betreuungsentscheidung der Eltern, Forschungsverbund Deutsches Jugendinstitut und Universität Dortmund, Juli 2014, http://www.forschungsverbund.tu-dortmund.de/fileadmin/ Files/Aktuelles/Publikationen/Auszug_zum_Betreuungsgeld _4.pdf, abgerufen am 18. 08. 2014

172 BMFSFJ: Ergebnisse der Gesamtevaluation der ehe- und familienbezogenen Leistungen im Überblick, a. a. O.

173 Ein Median beantwortet die Frage danach, wie hoch das Gehalt ist, auf das bezogen 50 Prozent Mitarbeiter*innen mit vergleichbaren Tätigkeiten weniger bzw. mehr verdienen als diesen Wert. Er erlaubt eher eine eigene Einordnung im Vergleich zu den Kolleg*innen als der arithmetische Durchschnitt, der durch Ausreißer im Gehalt nach oben oder unten stärker beeinflusst werden kann, vor allem, wenn die Fallzahlen kleiner sind.

174 United States Department of Labour: Fact sheet Notice of Proposed Rulemaking Government Contractors, Prohibitions against Pay Secrecy Policies and Actions, 15. 09. 2014, http:// www.dol.gov/ofccp/PayTransparencyFactSheet.html, abgerufen am 07. 10. 2014

175 Senatsverwaltung für Finanzen des Landes Berlin: Beteiligungsbericht des Landes Berlin 2013 für das Geschäftsjahr 2012, Band 1, S. 18, http://www.berlin.de/sen/finanzen/ dokumentendownload/vermoegen/beteiligungsberichte/ beteiligungsbericht_2013_band_1.pdf, abgerufen am 07. 08. 2014

176 Gabriele Fischer u. a.: Gleich und doch nicht gleich. Frauenbeschäftigung in deutschen Betrieben. Auswertungen des IAB-Betriebspanels 2008, IAB-Forschungsbericht 4/2009, S. 44 u. 46

177 BMFSFJ: Gesetz für die gleichberechtigte Teilhabe von Frauen und Männern an Führungspositionen in der Privatwirtschaft und im Öffentlichen Dienst. Leitlinien für das Gesetzgebungsverfahren, S. 9, http://www.bmfsfj.de/BMFSFJ/gleichstellung,did=205630.html, abgerufen am 15. 08. 2014

178 A. a. O., S. 12 f.

179 Veit Medick/Philipp Wittrock: Frauenförderung: Schwarz-Rot setzt auf Quotendruck, Spiegel Online, 25. 03. 2014, http://www.spiegel.de/politik/deutschland/schwarz-rote-frauenquote-ab-2016-strikte-regeln-fuer-unternehmen-a-960679.html, abgerufen am 13. 10. 2014

180 Pro Quote e. V.: Zehn Gründe für die Quote, http://www.pro-quote.de/zehn-gruende-fur-die-quote/, abgerufen am 04. 07. 2014

181 Bundespräsidialamt – Übersicht über Verleihungen von Verdienstorden der Bundesrepublik Deutschland von 1951 bis 2013, Auskunft auf Anfrage nach dem Informationsfreiheitsgesetz, 16. 10. 2014, veröffentlicht: https://fragdenstaat.de/anfrage/frauenanteil-verdienstorden-der-brd-nach-ordnungsstufen-seit-1951/, abgerufen am 21. 10. 2014

182 Wikipedia »Liste von Trägern des Verdienstordens der Bundesrepublik Deutschland«, http://de.wikipedia.org/wiki/Liste_von_Tr%C3%A4gern_des_Bundesverdienstkreuzes, abgerufen am 21. 10. 2014

183 Homepage des Landesmuseums für Kunst und Kultur, Münster, Kunstwerke des Monats 2000–2012, http://www.lwl.org/LWL/Kultur/LWL-Landesmuseum-Muenster/sammlung/kdm/kdm_archiv/kdm_archiv_neu/, abgerufen am 01. 09. 2014

184 Der Deutsche Nationalpreis ist stiftungsfinanziert, die Stiftung ist privat. Sie wurde von Bundeskanzler a. D. Helmut Schmidt 1997 gegründet, im (massiv männerdominierten) Kuratorium und Senat wimmelt es von Politikern aller Ebenen, darunter Bundes- und Landesminister, Ministerpräsidenten, Parteigrößen und Bundestagspräsidenten, der Einfluss der Politik ist daher nicht zu unterschätzen. Quelle für die Daten: www.nationalstiftung.de, abgerufen am 02. 09. 2014

185 Joanna Barsh/Sandrine Devillard/Jin Wang: The Global Gender Agenda, McKinsey Quarterly, November 2012, https://www.mckinseyquarterly.com/Organization/Talent/The_global_

gender_agenda_3027, abgerufen am 02. 04. 2013 (Übersetzung des folgenden Zitats von mir)

186 McKinsey: Women Matter 2013, a. a. O., S. 14

187 Deutsche Telekom: Medieninformation »Deutsche Telekom unterstützt Karrieren mit Kind«, 11. 09. 2014, http://www.telekom .com/medien/konzern/251424, abgerufen am 14. 10. 2014

188 Stellenanzeige der Kreissparkasse Birkenfeld, ausgezeichnet mit der »Goldenen Runkelrübe 2013« für die abschreckendste Stellenanzeige, http://www.goldenerunkelruebe.de/nominierungen -2014/stellenanzeigen/, abgerufen am 07. 02. 2014

189 Werbespot der Deutschen Bahn, YouTube, https://www.youtube .com/watch?v=TLTlJ9IRJhY, abgerufen am 31. 03. 2013

190 Claudia Goldin/Cecilia Rouse: Orchestrating impartiality: The impact of »blind« auditions on female musicians, The American Economic Review, 90/2000, S. 715–741. Zitiert in: Isabell M. Welpe/Tanja Schwarz-Müller/Matthias Spörrle: Frauen in der Wissenschaft, Politische Studien Nr. 442, S. 48, http://www .hss.de/uploads/tx_ddceventsbrowser/PS-442_02.pdf

191 Alice H. Eagly: More women at the top: The Impact of Gender Roles and Leadership Style, in: Gender: From Costs to Benefits, Hrsg. U. Pasero, Wiesbaden, 2003, S. 151–169

192 McKinsey: Women Matter 2013, a. a. O., S. 13

193 Lego Ideas Plattform: https://ideas.lego.com/projects/15401, abgerufen am 18. 08. 2014

194 Franz Nestler: Bunsenbrenner statt Barbie, *FAZ*, 08. 08. 2014, http://www.faz.net/aktuell/wirtschaft/menschen-wirtschaft/ lego-produziert-erstmals-wissenschaftlerin-13087630.html, abgerufen am 18. 08. 2014

195 600 Lego-Sets wurden in einem Projekt an der Shorewood Hills Elementary School, Madison, USA, analysiert. Die Ergebnisse gibt es auf der Website http://www.whatitisisbeautiful.com/ new-gallery/irursv01hc4hmqwoozgtwelkf9qb5y, abgerufen am 05. 09. 2014

196 Bailey Shoemaker Richards: Spark Movement: A Year later, How's Lego doing?, 19. 06. 2013, http://www.sparksummit.com/2013/ 06/19/a-year-later-hows-lego-doing/, abgerufen am 05. 09. 2014

197 Lego-Antwortbrief an die Shorewood Hills Elementary School, http://www.whatitisisbeautiful.com/legos-response-1/, abgerufen am 05. 09. 2014

198 Der Frauenmachtanteil ist ein Machtquotient, den Pro Quote aus den Frauenanteilen gewichteter Hierarchien ableitet. Eine Chefredakteursposition wiegt dabei mehr als eine Ressortleiterstelle.

199 Verein Pro Quote: Aufholjagd: Wachsender Frauenmachtanteil bei Print-Leitmedien, Stand Juni 2014, http://www.pro-quote .de/%20kamelerennen/, abgerufen am 04. 07. 2014

200 Pro Quote e. V., Pressemappe zur Pressekonferenz Pro-Quote-Halbzeit Bilanz, 27. 06. 2014, http://www.pro-quote.de/wp -content/uploads/2014/06/Pressemappe-gesamt.pdf, abgerufen am 04. 07. 2014

201 *taz*, Hausblog, 04. 06. 2014, http://blogs.taz.de/hausblog/2014/ 06/04/frauen-in-der-taz/, abgerufen am 20. 07. 2014

202 Frank Dahlmann/Felix Schwenzel: Sie können gern 50 intelligente Frauen vorschlagen, wirres.net, 04. 07. 2014, http://wirres .net/article/articleview/7228/1/6/, abgerufen am 20. 07. 2014

203 Anne Schüssler: Was Sie schon immer über Frauenzählen wissen wollten, aber nicht zu fragen wagten, Ach komm, geh wech!, 06. 07. 2014, http://anneschuessler.com/2014/07/06/was-sie -schon-immer-uber-frauenzahlen-wissen-wollten-aber-nicht -zu-fragen-wagten/, abgerufen am 22. 07. 2014

204 Ausgewählte Zahlen von 2013: Männeranteil Kultur: zdf.kulturpalast 91 Prozent, Kulturspiegel 87 Prozent, Satire/Kabarett/Comedy: Neues aus der Anstalt 92 Prozent, heute show 88 Prozent, Sport: Sportclub und Flutlicht je 95 Prozent, Wissen: nano spezial 87 Prozent, Planet Wissen 71 Prozent; Quelle: www.goldenermedienpimmel.de, abgerufen am 04. 02. 2014

205 Sonja Alvarez: Eine Frau ist nicht genug, *Tagesspiegel*, 11. 03. 2014, http://www.tagesspiegel.de/medien/maenner-dominieren -polittalks-eine-frau-ist-nicht-genug/9602404.html, abgerufen am 11. 10. 2014

206 Der Verband der Filmarbeiterinnen existierte von 1979 bis 2009. Bei seiner Gründung 1979 veröffentlichte er eine Ergänzung zur »Hamburger Deklaration deutscher Filmemacher«. Darin wurden gefordert: 50 Prozent aller Filmfinanzierungen, Produktionsstätten, Dokumentationsprojekte; 50 Prozent aller Jobs und Trainings, 50 Prozent aller Gremiensitze sowie Unterstützung bei Verbreitung, Verleih und Ausstellung von Fil-

men von Frauen. Mehr als 80 Filmarbeiterinnen unterzeich-
neten dieses Manifest. Quelle: German Essays on Film: The
Manifesto of Women Film Workers (1979), S. 235–236, Hrsg.
Richard McCormick/Alison Guenther-Pal, New York 2004,
http://books.google.de/books?hl=de&id=wM031isoRQQC&pg
=PA235, abgerufen am 05. 09. 2014

207 Aufruf Pro-Quote-Regie – Zusammenschluss von Regisseurinnen in Deutschland, September 2014, http://www.taz.de/
fileadmin/static/pdf/AufrufPROQUOTEREGIE30.09.14-1.pdf,
abgerufen am 06. 10. 2014

208 Ebenda

209 Swedish Film Institute: Towards Gender Equality in Film Pro-
duction, http://www.sfi.se/PageFiles/22839/ENG_P%C3%
A5%20v%C3%A4g%20mot%20en%20j%C3%A4mst%C3%
A4lld%20filmproduktion.pdf, abgerufen am 05. 09. 2014

210 Sophie Ivan: Cannes Film Festival: Where are all the
female Directors?, *The Independent*, 16. 05. 2014, http://www
.independent.co.uk/voices/comment/cannes-film-festival
-where-are-all-the-female-directors-9384629.html, abgerufen
am 05. 09. 2014

211 Homepage Maenner-zeigen-Filme-und-Frauen-ihre-Brueste.de,
http://maenner-zeigen-filme-und-frauen-ihre-brueste.de/
unterstutzung, abgerufen am 06. 10. 2014

212 Katrin Gottschalk: Videospiel-Debatte: Wer Sexismus anpran-
gert, wird mit Vergewaltigung bedroht, Spiegel Online, 01. 09.
2014, http://www.spiegel.de/netzwelt/netzpolitik/anita
-sarkeesian-feministische-videospielkritik-und-morddrohungen
-a-988906.html, abgerufen am 06. 10. 2014

213 David Futrelle: Cosing the Chore Gap, Business Time, 21. 12.
2012, http://business.time.com/2012/12/21/closing-the-chore
-gap/, abgerufen am 08. 09. 2014

214 Association for psychological science: Dads Who Share the
Load Bolster Daughters' Aspirations, 28. 05. 2014, http://www
.psychologicalscience.org/index.php/news/releases/dads
-who-share-the-load-bolster-daughters-aspirations.html, abgerufen am 08. 09. 2014

215 15. Shell-Jugendstudie, 2006, zitiert in: Supp, Barbara/Bonstein,
Julia/Dürr, Anke/Krahe, Dialika/Theile, Merlind/Voigt, Claudia/
Werner, Kathrin: Die Alpha-Mädchen, *Der Spiegel*, 1/2008,

http://www.spiegel.de/spiegel/spiegelspecial/d-55972850
.html, abgerufen am 21.08.2014

216 Constance T. Gager/Scott T. Yabiku: Who has the Time? The Relationship between Houshold Labour Time and Sexual Frequency, *Journal of Family Issues*, Februar 2010, vol. 31, no. 2, S. 135–163, http://jfi.sagepub.com/content/31/2/135.short, abgerufen am 21.08.2014

217 Siehe dazu: Rachel Ivie/Arnell Ephraim: Women and the Impostor Syndrome in Astronomy, Studie der AAS: Status A Report on Women in Astronomy, Januar 2011. Diese empirische Studie wies für über tausend teilnehmende Student*innen der Astronomie ein statistisch signifikant häufigeres Vorkommen des Impostor Syndromes bei weiblichen Testteilnehmern nach. http://www.aas.org/cswa/status/STATUS_jan11_FINAL_s .pdf, abgerufen am 21.08.2014

218 Pamela Stone: Opting Out? Why Women Really Quit Careers and Head Home, University of California Press, Berkley, 2008, http://www.optingout-women.com/, abgerufen am 20.02. 2014

219 Siehe die Homepage der Initiative www.lettoysbetoys.com, abgerufen am 06.09.2014

220 Storify, https://storify.com/LetToysBeToys/tescos, abgerufen am 06.09.2014

221 Deutschen Telekom: Medieninformation »Deutsche Telekom unterstützt Karrieren mit Kind«, a.a.O.

222 Stephan Noller: Home-Office hat etwas mit Menschenbild zu tun, 19.03.2014, nugg.ad Blog, http://blog.nugg.ad/de/home -office-hat-was-mit-menschenbild-zu-tun/1556/, abgerufen am 13.10.2014

223 Ramboell Management Consulting GmbH: Gleicher Bonus für gleiche Arbeit, Juni 2013, http://blog.nugg.ad/de/wp-content/ uploads/2013/06/nuggad_gender_paygap.pdf, abgerufen am 13.10.2014

224 www.heforshe.org, abgerufen am 14.10.2014